Neue
Kleine Bibliothek 181

Charlotte Wiedemann

Vom Versuch, nicht weiß zu schreiben

Oder: Wie Journalismus unser Weltbild prägt

PapyRossa Verlag

3., aktualisierte und erweiterte Auflage 2018
2. Auflage 2014
1. Auflage 2012

© 2018 by PapyRossa Verlags GmbH & Co. KG, Köln
Luxemburger Str. 202, D-50937 Köln
Tel.: +49 (0)221 – 44 8545
Fax: +49 (0)221 – 44 4305
E-Mail: mail@papyrossa.de
Internet: www.papyrossa.de

Alle Rechte vorbehalten

Titelfoto: Christian Vium, aus der Serie »Clandestine«,
 www.christianvium.com
Umschlag: Willi Hölzel, lux72plus
Druck: Interpress

Die Deutsche Bibliothek verzeichnet diese Publikation in der
Deutschen Nationalbibliografie; detaillierte bibliografische
Daten sind im Internet über http://dnb.ddb.de abrufbar

ISBN 978-3-89438-494-4

Inhalt

Vorwort (7)

Das Unbehagen in der Herde (10)
Über geistige Marschkolonnen, kleine Fluchten
und die Frage, wo sich die Erdachse befindet

Was können Journalisten begreifen? (21)
Über die Grenzen der möglichen und
der erwünschten Erkenntnis

Verschwiegene Helfer (31)
Dolmetscher, Mittler, Brückenbauer:
Die Unersetzlichen, die nie genannt werden

Iran: Die Zeichen lesen können (45)
Notizen über die Arbeit in einem schwierigen Land.
Und warum es gerade dort auf Nuancen ankommt

Breaking News: Die Welt ist eine Scheibe! (64)
Über globale Trugbilder und interkulturelle Täuschungen

Islam und Menschenbild (80)
Die Unfähigkeit, den Plural zu denken. Schwarze Ninjas,
weißer Feminismus. Rücksicht darauf, was anderen heilig ist

Papua: Die anderen Weißen (100)
Annäherung an eine süd-südliche Apartheid.
Über Bürgerrechte, Verachtung und Begehren

Dekor und Gewalt in Thailand (120)
Dienstbare Exotik, falsche Idylle und zwei Sorten Mobilität

Dichtung und Wahrheit (133)
Bewusste und unbewusste Inszenierungen.
Wo endet zulässige Kreativität, wo beginnt Fälschung?

Leid, Voyeurismus, Intimität (144)
Riga, Phnom Penh, Surabaya:
Begegnungen mit Überlebenden. Kulturen des Erinnerns

Afrikanische Beziehungen (162)
Über eine Liebe und über die Suche nach Worten.
Sich weiß fühlen. Ein Streik jenseits unserer Maßstäbe

Zeiten der Konfrontation (185)
Über weißes Denken und rechten Populismus.
Und warum Entscheidungen wichtiger sind als Herkunft

Zur Autorin (199)

Vorwort

Ist weiß eine Farbe? Die Farbigen, das sind für uns die anderen. Weiß ist neutral, ein Grundton, voraussetzungslos. So sind wir geprägt, und wir können nicht heraus aus unserer Haut, aus unserer unsichtbaren Farbe.

Nicht weiß schreiben, das kann folglich nur ein Versuch sein. Es ist der Versuch, einen Blick auf die Welt zu werfen, der sich von der Enge des Eurozentrismus befreit. Davon erzählt dieses Buch, auf persönliche, subjektive Weise. Ich bin seit mehr als drei Jahrzehnten Journalistin; meine Recherchen haben mich in 26 außereuropäische Länder geführt. Ich war häufig in islamischen Ländern und habe eine Weile in Südostasien gelebt.

Man kann mir auf den folgenden Seiten bei der Arbeit zuschauen; ich lade in eine Werkstatt ein, eine Werkstatt des Schreibens, des Erlebens, der Reflexion. Wie entsteht unser Weltbild? Was können Journalisten überhaupt begreifen von der »Fremde«, vom »Anderen«? Wie wahrhaftig ist das, was sie als Wirklichkeit ausgeben? Wo endet zulässige Kreativität, wo beginnt Fälschung?

Auf Schauplätzen, die unterschiedlicher kaum sein könnten, zeige ich im Detail, wie schwierig interkulturelle Annäherungen tatsächlich sind und wie leicht wir Fehlurteilen erliegen.

In Iran bleibt ein großer Teil der Gesellschaft für uns *terra incognita,* nicht nur wegen der staatlichen Überwachung. In Papua kämpft Schwarz gegen Weiß, aber die Weißen sind diesmal nicht wir, sondern die Indonesier. Thailand verdeutlicht, wie wirkmächtig die eingeschliffene Erzählung von einem Land ist, ungeachtet seiner Realität – und wie groß das Bedürfnis ist, die Welt aufzuteilen in eine gefährliche Fremde und eine freundliche, dienstbare Exotik.

Erfahrungen in Afrika, vor allem in Mali, waren Anregung für den Titel dieses Buches: Hier ist die Herausforderung, nicht weiß zu schreiben, besonders groß. Ich erzähle von Beziehungen und Zuschreibungen, von den Abgründen in uns selbst und in anderen.

Welches Menschenbild unsere Wahrnehmung prägt, das ist immer wieder entscheidend. Muslime nicht als Individuen zu sehen und die Vielfalt ihrer Lebensentwürfe zu leugnen, dahinter verbirgt sich eine generelle Unfähigkeit, den Plural zu denken – in der eigenen, heimischen Gesellschaft wie in einer sich entwickelnden polyzentrischen Welt.

Entlang meiner Begegnungen mit Überlebenden in verschiedenen Kulturen gehe ich der Frage nach, warum ein achtsamer Umgang mit Opfern so selten gelingt. Statt Anteilnahme bewirkt ihre Darstellung in den Medien oft eher Distanzierung, sogar Verrohung.

Ich plädiere in diesem Buch für einen Journalismus der Bescheidenheit und des Respekts. Bescheidenheit bedeutet, dass wir uns der Grenzen unserer Erkenntnis und der Relativität unserer Urteile bewusst sind. Respekt gilt zunächst denen, über die wir schreiben – sie sind Bürger, auch in Ländern ohne Bürgersteige. Mehr Respekt zugleich vor den Mediennutzern, die heute einem betäubenden und krankmachenden Ansturm kontextloser Nachrichten ausgesetzt sind.

VORWORT

Dass die Welt jenseits unserer westeuropäischen Wohlstandsinsel immer gefährlicher und gewalttätiger würde, ist eines der Trugbilder, die durch die tägliche Nachrichten-Auswahl erzeugt werden. Davon handelt das Kapitel »Breaking News«; es erweitert den Blick auf Bereiche jenseits des Horizonts meiner eigenen Erfahrung.

Unser Bewusstsein dekolonisieren – wie kann das gelingen in Zeiten der Konfrontation mit einem rechten Populismus? Dem widmet sich eine Betrachtung, die dieser dritten, aktualisierten Auflage neu hinzugefügt wurde.

Ist dies ein Journalisten-Buch? Ja und Nein. Wer mit Medien zu tun hat, soll daraus Nutzen ziehen können. Aber Öffentlichkeit, das sind wir alle. Und wie oft wir unsere Standards als universell gültig missverstehen, das zeugt davon, dass der Versuch, nicht weiß zu *denken* noch kaum begonnen hat.

Zum weißen Denken gehört nicht zuletzt, wie wir den Begriff Mobilität für unseren Lebensstil reservieren – und anderen Mobilität verweigern. Auf dem Titelblatt dieses Buches streift unser Blick eine Frau in einem malischen Dorf; ihr Sohn hat sich auf die gefährliche, klandestine Reise nach Europa gemacht. Sie ist seit Wochen ohne Nachricht.

Das Unbehagen in der Herde
Über geistige Marschkolonnen, kleine Fluchten
und die Frage, wo sich die Erdachse befindet

Es war ein Oktobertag; nahezu zwei Jahrzehnte sind seitdem vergangen, doch in meiner Erinnerung ist alles wie gestern. Jakarta hielt den Atem an, die breiten Straßen im Zentrum der indonesischen Hauptstadt waren wie ausgestorben. Ein lautloser, zitternder Ausnahmezustand. Die Augen der ganzen Nation hingen am Fernsehschirm. Die erste freie Wahl eines Präsidenten, live!

Millionen starrten auf eine weiße Tafel, die sich quälend langsam mit schwarzen Strichen füllte. Auch ich starrte auf diese Tafel, von meinem Platz hoch oben auf der Zuschauertribüne des Parlaments. Die 695 Abgeordneten misstrauten einer elektronischen Zählung, ein Misstrauen genährt in Jahrzehnten der Diktatur. Darum standen dort unten nun zwölf Herren mit steifen schwarzen Samtkappen, sie standen wie Zeremonienmeister um einen Tisch herum, der erste faltete 695mal einen handgeschriebenen Wahlzettel auseinander, reichte ihn weiter, jeder begutachtete den Zettel, dann rief ein Ausrufer das Votum in den Saal, 695 mal. Und die Nation starrte auf einen neuen schwarzen Strich, trunken vor Hoffnung.

Es war ein Fest der Demokratie, in der größten muslimischen Nation der Welt, lange vor den arabischen Rebellionen.

Für mich war es der erste große Aufbruch fern unserer Metropolen, den ich aus der Nähe erlebte. Ich sah die Hingabe der Indonesier und ihren Stolz, und wenn später jemand im Westen die hochmütige Frage stellte, ob Islam und Demokratie zu vereinbaren seien, dachte ich als erstes an die Tafel mit den schwarzen Strichen.

Der Präsident, den Indonesien damals wählte, war übrigens ein muslimischer Gelehrter, nahezu blind. Zwei Schlaganfälle hatten sein Gesicht in einem Ausdruck plötzlichen Erstaunens erstarren lassen. Das Land setzte seine Hoffnung in einen schwer Versehrten, der nur mit inneren Augen sah.

Jakarta im Jahr 1999, das war der Beginn der zweiten Phase meines beruflichen Lebens. Ich hatte lange gedacht, der Platz eines politisch bewussten und um Veränderung bemühten Menschen sei im eigenen Land. Als ich zur Welt kam, lag es erst neun Jahre zurück, dass Auschwitz befreit worden war. Alles, was daraus folgte (oder nicht folgen durfte), hat mich später lange beschäftigt, in meinem Lebensgefühl und in meinem Schreiben, von der verweigerten Entschädigung für viele NS-Opfer bis zum neuen nationalen Geraune nach der deutschen Einheit.

Die alte, die westdeutsche Bundesrepublik hatte langlebige Kampfthemen – 8. Mai: Befreiung oder Niederlage? –, die Front teilte auch die Medien. Heute sind die Milieus der politischen Öffentlichkeit kleinteiliger sortiert, mit neuen Koalitionen und anderen Gräben. Ängste vor dem Islam zu schüren, kann sich als abendländisches Projekt der Aufklärung gerieren. Und wer dem widerspricht, hat leicht den Vorwurf am Hals, er verharmlose Antisemitismus.

Als ich in einem Alter war, in dem man sich nach einem Beruf umschaut, kannte ich nur einen einzigen Journalisten. Er war Mitte 30, arg frustriert, ein Zyniker. Das reichte, um mich abzuschrecken. Erst einige Jahre später, auf Umwegen, fand ich dann doch zum Journalismus. Lange hielt sich das Gefühl, es fehlten mir dazu einige spezifische Eigenschaften. Zurückhaltend und zweifelnd zu sein, das passt nicht ins gängige Berufsbild einer Reporterin. Später merkte ich, dass der Mangel an Selbstgewissheit meinen Texten gut tat. Aber es blieb ein Gefühl von Fremdheit, von Nicht-zuhause-sein in der Branche.

Auf die Frage, was einen Journalisten ausmache, wird als erste Eigenschaft stets die Neugier genannt. Aber die Gier, die darin liegt, behagt mir nicht. Denn daraus ist längst eine maschinenhafte Gier des Gewerbes geworden, alles den Gesetzen der Medienöffentlichkeit zu unterwerfen – und auf das Recht dazu zu pochen, als handele es sich um einen Dienst am Gemeinwesen. Die Qualität journalistischer Produkte und das anmaßende Auftreten ihrer Produzenten stehen oft in keinem nachvollziehbaren Verhältnis.

Mein Unbehagen in der Herde und an der Herde ist im Laufe der Jahre nur gewachsen. Wie bedrückend ähnlich jeden Tag die politischen Überschriften selbst der seriösen Zeitungen! Wie viel Energie wird in die jeweils nächste Modernisierung des Erscheinungsbildes gesteckt, online oder offline – und wie abgestanden dann oft der Geist in der neuen Packung. Zu den meisten großen Fragen der Zeit schwenkt der Mainstream der Publizistik ein wie auf ein Kommando.

Aus meiner Zeit als Korrespondentin in der früheren Hauptstadt Bonn blieb in Erinnerung, wie gespalten die Persönlichkeit mancher Kollegen wirkte. Sympathische Leute, und im Mündlichen sehr kritisch – aber las man am nächsten Tag ihre Artikel, dann schienen sie wie von einer anderen Person geschrieben.

Im politischen Journalismus ist es vermutlich nur für eine begrenzte Zeit möglich, erfolgreich zu sein, nach den konventionellen Maßstäben der Branche, und sich gleichzeitig innere

Unabhängigkeit und geistige Freiheit zu bewahren. Niemand, dessen Arbeit sich ständig in der Öffentlichkeit abspielt, ist gefeit vor Eitelkeit und Selbstüberschätzung. Es gibt auch die eitle Zurückhaltung, die vermeintliche Bescheidenheit der Reporter großer Medien, die es nicht nötig haben, sich mit der Kollegen-Masse zu balgen. Sie erliegen nur auf vornehmere Weise der Verführung durch die Nähe zu den Mächtigen. Als ich für den *stern* schrieb, merkte ich, wie leicht einen diese Krankheit befällt.

Ich hatte Skrupel, aber ich konnte sie mir auch leisten. Meine Generation kannte noch die fetten Jahre im Journalismus: Die Gehälter waren hoch, das journalistische Prekariat noch nicht in Sicht. Jung im Beruf, konnte man auf sicherem Posten daran arbeiten, sich einen Namen zu machen. Das Feld war überschaubarer als heute, und wer sich ein bisschen hervortat, dem machten andere Medien Avancen. Bevor ich als freie Autorin ins Ausland ging, war ich 15 Jahre festangestellt, in vier Redaktionen, und ich verließ jede von ihnen auf eigenen Wunsch. Soviel Freiheit können sich junge Journalisten heute kaum vorstellen.

Als die Bundesregierung von Bonn nach Berlin zog, verließ ich Berlin Richtung Südostasien. Wenn ich später Kollegen traf, die ich aus Bonn kannte, fragten sie manchmal, ob ich aus dem Journalismus ausgestiegen sei. Wer sich zu weit vom Dunstkreis der Macht entfernt hat, zählt nicht mehr. Ich hatte hingegen das Gefühl, meinen Beruf im Ausland auf ganz neue Weise gefunden zu haben.

Der Herde entronnen! Von Deutschland nach Südostasien zu gehen, das war ein extremer Wechsel. Hier die Überfülle an Medien, an Journalisten, jeder Quadratzentimeter Terrain besetzt. Dort erstreckten sich vor meinem Schreibtisch zehn Länder. Der Schreibtisch stand auf der Insel Penang in Malaysia, einem Land ohne westliche Journalisten. Mein Standort war ungewöhnlich, er hatte am Anfang private Gründe, und als die Gründe dahin geschieden waren, blieb ich trotzdem. Flughafen, Internet, das reichte für eine freie Autorin. Ich schrieb Reportagen für Wochen- und Monatsmedien, reiste dafür durch die Region, meist an der rauen Abseite der Exotik.

Plötzlich hatte mein Beruf wieder Würde. Die Pfade, auf denen ich recherchierte, waren noch nicht ausgetrampelt. Ich traf Menschen, die noch kein »Medienverhalten« kannten. Sie respektierten mich, sie hatten Erwartungen, oft viel zu hohe. Sie wollten, dass ich ihre Stimme sei, ihre Situation verstehe, ihre Kultur, ihre Geschichte. Journalist zu sein war eine qualifizierte Tätigkeit; ein Beruf, der Anforderungen stellt. Und auf den man stolz sein kann.

Der Oktobertag in Jakarta, die Wahl des blinden Präsidenten, markierte den Start in eine neue Erfahrungswelt. Indonesien war ein Land, das ich vom ersten Moment an mochte – wie eine Person, die man in einem günstigen Augenblick kennengelernt hat. Später besuchte ich Indonesien zu weniger vorteilhaften Anlässen (auch der blinde Präsident würde scheitern), doch es blieb mein Respekt für dieses ungeheure, multiethnische Riesengebilde. Ich lebte vier Jahre im kleinen, viel reicheren Malaysia, und der Unterschied der Mentalitäten bündelte sich in einer Alltagserfahrung: Malaysier erwarteten stets, auch im privaten Gespräch, dass ich zuerst Malaysias Errungenschaften lobte; Indonesier erwarteten, dass ich über Indonesiens Probleme spreche.

Für Malaysier waren Indonesier Dienstmädchen, Bauarbeiter oder illegale Migranten. Ich lernte, wie stark Ressentiments sein können zwischen zwei kulturell so verwandten Nationen. Und wie hochmütig der wirtschaftliche, materielle Erfolg macht. Was mir an den Malaysiern auffiel, war vermutlich ein

Verhalten, das sonst wir Bewohner von Industrienationen an den Tag legen.

Vier Jahre Südostasien waren lang genug für eine entscheidende Kleinigkeit: Der Mittelpunkt der Welt wandert. Dieser ganz persönliche Mittelpunkt, den wir – ohne es uns einzugestehen – für die Erdachse halten. Weil wir uns von diesem Ort aus die Welt erklären, ihre Zeichen, ihre Symbole deuten, die Farben, die Gebete. Und die Attentate. Bei sich selbst zu erleben, wie veränderlich die Perspektive ist, das bewirkt eine nachhaltige und produktive Verunsicherung.

Südostasien, im Schnittpunkt der Weltreligionen, lehrte eine pragmatische, nüchterne Multikulturalität. Auf meiner Insel Penang teilte ich die Stadt mit chinesischen Buddhisten, mit malaiischen und indischen Muslimen, mit Hindus und Christen. Und alle waren Malaysier. Niemand betrieb interkulturellen Dialog. Das Zusammenleben war durch eine Art repressiver Toleranz gekennzeichnet, ethnische Fragen zu diskutieren, war staatlicherseits verboten. Man arbeitete gemischt und heiratete getrennt, konnte sich nicht unbedingt leiden, aber brachte sich deswegen nicht um.

Säkular und links geprägt, hatte ich religiösen Fragen vorher keine große Bedeutung beigemessen. Das änderte sich nun, nicht nur aus Gründen der Professionalität. An einem dieser tropischwarmen Abende fiel mir auf, dass alle außer mir mit irgendwelchen Ritualen beschäftigt waren: Papierboote mit Lichtern aufs Meer setzen, Essen in Geisterhäuschen legen, Orakelsteine auf den Tempelboden werfen, gewaltige Räucherkerzen anzünden… Zum ersten Mal hatte ich das Gefühl, die säkulare Schnörkellosigkeit meiner Lebensmöblierung könnte vielleicht ein wenig ärmlich sein. Ich beschäftigte mich damals eher mit Buddhismus als mit Islam, das brachten die Recherchen mit sich, und noch waren die Redaktionen nicht von der Obsession Islam befallen.

Dass sich etwas änderte, merkte ich, als mich die Chefredakteurin eines Reisemagazins anrief: Sie wollte ein Stück über den Borobodur-Tempel auf Java, »solange er noch steht!« Der Borobodur, hinduistisch-buddhistischen Ursprungs, hat die Form einer riesigen steinernen Torte – was sollte ihn zum Einsturz bringen? Die Chefredakteurin klärte mich auf: Die Taliban hatten afghanische Buddha-Statuen gesprengt, und Indonesien, wo der Borobudur steht, sei doch auch islamisch. Ich nahm den Auftrag, über den Tempel zu schreiben, gerne an. Und konnte die Redaktion beruhigen: Der Borobodur wurde regelmäßig von indonesischen Schulklassen besucht.

Wenn man begriffen hat, dass im Leben der meisten Menschen auf der Welt Religion Bedeutung hat, dann schrumpft das säkulare westeuropäische Medienmilieu auf ein realistisches Maß. Niemand muss gläubig sein, aber über den eigenen Tellerrand sollten Journalisten schon hinausblicken können. Und die geläufige Islamophobie ist zu einem gewissen Grad auch eine Religionsphobie.

Als ich zurück nach Deutschland kam, spürte ich: Da war ein Zeitenwechsel passiert, und ich hatte ihn am anderen Ufer erlebt. Am 11. September 2001 war ich in Malaysia; auch dort gibt es Twin Towers, zwei stahlglänzende Bürotürme in der Hauptstadt Kuala Lumpur, Symbol malaysischen Nationalstolzes und damals noch das höchste Bauwerk der Welt. Nach dem Anschlag in New York herrschte für kurze Zeit Konfusion: Manche Malaysier glaubten, der Anschlag sei bei ihnen geschehen, ein Verrückter hängte sich an das Gerücht, drohte am Telefon mit einer Bombe – und die Türme wurden geräumt. Eine unwichtige Episode, aber sie zeigte doch etwas von der Stimmung.

Ich hatte zu keinem Zeitpunkt das Gefühl, meine Weltordnung sei angegriffen worden. Dieser Mangel an Mich-Angegriffen-Fühlen stand nun wie eine unsichtbare Mauer zwischen mir und vielen Deutschen. Kollegen, die früher Rentenexperten waren, schienen nun Islam-Experten geworden zu sein. Ich hingegen hatte in einem mehrheitlich muslimischen Land gelebt und nur selten über Islam geschrieben. In meinen Berichten war das Wort »Muslime« wenig aufgetaucht – aber das merkte ich erst jetzt. Nun hatten alle Bäcker, Schuhmacher, Präsidenten oder Dissidenten in einem islamischen Land nur noch eine Identität: Muslim. Mich fröstelte angesichts der Bildersprache. Muslime, das waren verzerrte Gesichter, struppige Bärte, fliegende Fäuste und gekrümmte Rücken in der Moschee. In einer Kolumne der »Frankfurter Rundschau« schrieb ich: »Muslim möchte ich in Deutschland nicht sein.« Das gefiel nur Muslimen.

Seltsam: Erst in Deutschland schob sich das Thema Islam mit großer Wucht an mich heran. Ich wollte wissen, was ist.

Langsam, vorsichtig näherte ich mich diesem gewaltigen Komplex. Länder wie Iran, Saudi-Arabien, Libyen, die ich später bereisen würde, schienen mir zu diesem Zeitpunkt noch unbewältigbar. Aus dem Kontext gerissen, aus meinem Kontext. Stattdessen schob ich mich gleichsam über die Landkarte. In Indien hatte ich schon mehrfach recherchiert, das war meine geistige Landbrücke zu Pakistan: Indien-Pakistan, die gemeinsame Geschichte, die Trennung. Ich dachte »über Land« und reiste über Land, fuhr mit Zug und Bus von Delhi über Amritsar, besuchte den Goldenen Tempel der Sikh, dann das ekstatische Zeremoniell an der Grenze, wo indische und pakistanische Soldaten jeden Tag eine grimmige Show veranstalten, die sie mehr vereint als trennt. Von da war es nur eine Taxifahrt nach Lahore, und als ich dort ankam, sah ich nicht »Islam«, sondern noch viel Indien.

Über Land zu denken, dabei werde ich später bleiben, auch

wenn ich im Flugzeug reisen muss. Zumindest im Kopf sollte man die Länder durch die richtigen Türen betreten, durch die Türen ihrer Geschichte.

Ich fuhr quer durch Pakistan, immer auf den Spuren der Frauen. Mein Ausgangspunkt war: Es gab eine Frauenquote für Gemeinderäte. Da musste es noch vieles andere geben, was nicht ins geläufige Pakistan-Bild passte. Später sträubte sich alles in mir, die Ergebnisse meiner Recherche aufzuteilen: für die eine Zeitung die Reportage über ein fortschrittliches Frauen-College, für eine andere den Ehrenmord. Nur das gesamte Mosaik würde eine Ahnung von der Wirklichkeit vermitteln. Ich konnte dafür das Dossier-Ressort der *ZEIT* gewinnen, konnte auf drei Zeitungsseiten die ganze Spannweite pakistanischen Frauenlebens schildern. Diese erste lange Reportage über die Zerrissenheit einer muslimischen Gesellschaft wurde zum Grundmodell für viele weitere. Islamische Lebenswelten, im Plural.

Es bewährte sich, die Gesellschaften (auch) aus dem Blickwinkel von Frauen kennenzulernen – keinesfalls nur, weil ich selbst eine Frau bin und mir der Zugang deshalb leichter fällt. Sondern um der besseren Analyse willen. In Pakistan hatte ich begriffen, wie sehr die Frauen im Zentrum des gesellschaftlichen Ringens stehen, wie sich in ihrer Position fast alle Gegensätze des Landes spiegeln. Frauenrechte sind nicht, wie oft im Westen, ein belächelter Nebenaspekt, dafür ist die Rolle der Frauen viel zu wichtig. Starke Frauen sind der Kern der Zivilgesellschaft; gegen Pakistans Powerfrauen wirken wir westlich Emanzipierten wie Federn im Wind. Wer Musliminnen stets nur in einer Opferrolle sieht, wird deren Länder kaum akkurat beschreiben können.

Es gibt im Journalismus die physische Herde und die geistige. Die physische Herde ist im Inland unübersehbar, mit ihren

Heerlagern und Kamera-Phalanxen. Auch der Auslands-Journalismus folgt einem Herdentrieb, obwohl die Korrespondenten meistens alleine unterwegs sind. Viele von ihnen leisten hervorragende Arbeit, sind bewundernswert mutig und trotzen mit enormer Ausdauer dem verschleißenden Aktualitätsdruck. Aber sie haben in der Regel weniger Definitionsmacht über unser Weltbild als die Redakteure daheim in der Zentrale, die wiederum am Tropf der Nachrichtenagenturen hängen.

In der Innen- wie in der Außenpolitik messen Journalisten häufig mit dramatischer Geste den Wind, den die selber machen. Etwas liege »in der Luft«, sagen dann die Blattmacher und Programmverantwortlichen. Manchmal werden daraus Windstöße, die alles mit sich reißen; eruptiv aufschießende Trends, die gestern noch nicht da waren und heute kaum Widerspruch dulden. Wer konnte wirklich beurteilen, was in Libyen passierte, als die NATO half, Gaddafi zu stürzen? Kaum jemand, aber alle hatte eine Meinung.

Im eigenen Land lassen sich Herdenmuster leichter identifizieren als im globalen Geschehen. Das Geflecht von Mechanismen, die unsere Wahrnehmung beeinflussen, ist komplex: von ökonomischen Makro-Strukturen über Geheimdienst-Propaganda bis zu kulturell geprägten Deutungsmustern. Gerade deshalb aber sind die Anforderungen an professionellen Journalismus hoch: Er muss aufklärend sein, soll Orientierung und Hintergrundwissen bieten. Herdenverhalten ist kein Naturgesetz, zumal nicht im schreibenden Journalismus, wo individuelle Handschrift und intellektueller Eigensinn am ehesten möglich sind.

Genau dazu möchte ich ermuntern – in einer Zeit gewaltiger Umbrüche im Journalismus. Der Zugang zur Öffentlichkeit ist demokratischer geworden; kein Weltkonflikt mehr ohne Bürgerjournalismus. Zugleich werden viele Tätigkeiten im Mediengewerbe rasant entwertet: Gefragt sind billige, gefügige Generalisten, die Multimedia füttern und technische Abläufe verwalten. Schon können durchschnittliche Sportreportagen von Computerprogrammen zusammengemixt werden.

Dieser Deklassierung kann nur ein Journalismus entrinnen, der seine Aufgabe neu bestimmt als eine hochwertige und gesellschaftlich nützliche Tätigkeit auf der Höhe des 21. Jahrhunderts. Das heißt: Er müsste beitragen zu einem ganzheitlichen Weltverständnis nach menschlichem Maß. Das klingt zu großartig? Vielleicht. Aber nur solche Medien können wir uns noch leisten – im doppelten Sinn des Worts. Sie würden in kulturellen Konflikten helfen, den *common ground* zu erweitern, statt zu verringern. Und sie würden uns die Welt so mehrdeutig zeigen, wie sie meistens ist.

Was können Journalisten begreifen?

Über die Grenzen der möglichen und der erwünschten Erkenntnis

Jeder hat einen blinden Fleck, seinen ganz persönlichen Knick in der Optik. Das macht uns zu Individuen; wir unterscheiden uns durch unseren jeweiligen schiefen Blick auf die Dinge, und diese Verschiedenheit ist die Voraussetzung für Kommunikation. Ich sehe was, was du nicht siehst. Und erst wenn wir dieses Spiel lange genug spielen, können wir uns dem nähern, was so großartig »Wahrheit« heißt.

Wenn es also stimmt, dass unsere Behinderungen Kommunikation erst möglich machen, wie steht es dann um die Behinderungen derer, die Kommunikation professionell betreiben? Mit anderen Worten: Was sehen Journalisten? Und wie schief ist der Blick, den sie für uns auf die Welt werfen?

Wie Erkenntnis entsteht, das ist in unserer Gesellschaft durchaus ein Thema. Weil viele nach Sinn, Orientierung, gar nach Weisheit suchen. Und weil wir eine alternde Gesellschaft sind. (Vermutlich besteht zwischen beidem eine Verbindung.) Ständig hören wir Neues über die Funktionsweise unseres Gehirns, über die Zusammenhänge von Hirn, Geist, Psyche. Glaubensfragen werden neu erörtert, ganzheitliches Denken gewinnt Anhänger, etwa in der Medizin. Selbstverständlich befassen sich Journalisten schreibend, sendend, moderierend mit solchen Themen – nur sie selbst sind kein Thema. Journalisten sehen sich als professionelle Allesversteher. Die Grenzen ihrer eigenen Erkenntnisfähigkeit zu reflektieren, passt nicht ins Berufsbild.

Verallgemeinernd gesagt: Viele Journalisten, zumal die politischen, haben einen Rationalismus der kleinen Münze gepachtet. Die Frage, wie das entsteht, was sie »Realität« nennen, ficht sie nicht an; für Zweifeleien haben sie keine Zeit, und alles Esoterische ist ihnen verdächtig. Fakten, Fakten, Fakten.

Der Marienkäfer, den wir für niedlich halten, lässt uns erschrecken, wenn wir ihn unter dem Mikroskop betrachten. Und schon die Erklärung des Optikers, wie unsere Augen und die neuen Brillengläser funktionieren, könnte uns Anlass sein, den eigenen Blick nicht absolut zu nehmen. Wie viele Wahrheiten kann es erst recht dann geben, wenn das Objekt der Betrachtung uns nicht so vertraut ist wie der Marienkäfer?

Was wir als »real« bezeichnen, ist eine symbolische Ordnung, die von unserem kulturellen Kontext und unseren Traditionen geprägt ist. Als ich in Südostasien zum ersten Mal Menschen im Zustand einer spirituellen Trance sah, weigerte sich alles in mir, als wahr und real zu akzeptieren, was sich vor meinen Augen abspielte. Instinktiv suchte ich nach einem Haken, nach einem Beweis, dass es sich um Theater, um eine Scharade handeln würde. Bei einer nächtlichen chinesisch-taoistischen Prozession tänzelten kräftige Männer schweißüberströmt im breitbeinigen, wiegenden Hüpfschritt der Entrückten, es ging über Stunden; die Köpfe rastlos schüttelnd, tänzelten sie barfuß durch Dreck und Feuer. Sie waren nicht irre und standen nicht unter Drogen, sondern erfüllten ein alljährliches, ehrenvolles Ritual. Für uns ist es ein Zeichen von Wahn, wenn jemand dermaßen »außer sich« ist – und wenn die Grenzen der uns bekannten Persönlichkeit aufgehoben scheinen.

Niemand ist verpflichtet, sich mit derartigen Phänomenen zu beschäftigen. Allerdings können solche Erfahrungen uns Westler und gerade auch uns Journalisten eine heilsame Bescheidenheit lehren. Was bei uns nicht existiert, kann durchaus anderswo existieren. Unsere Definition von Realität und Normalität ist nicht das Maß aller Dinge.

Es liegt übrigens in der Natur des Menschen, dass wir uns dessen erst einmal *nicht* bewusst sind. Denn unsere eigenen Kulturstandards, das heißt die Weise von Wahrnehmen, Denken, Werten und Handeln, die wir als selbstverständlich und verbindlich ansehen, wird von uns selbst eben nicht mehr bewusst erfahren. Anders als etwa die australischen Aborigines haben wir allerdings die Macht, die Mittel und den Ehrgeiz, unsere Perspektive, unsere Theorien und Forschungsmethoden in die ganze Welt zu exportieren – und sie als universell gültig misszuverstehen.

Als Reaktion auf die Dominanz der euro-amerikanischen Mainstream-Psychologie haben sich in den vergangenen Jahren sogenannte »indigene Psychologien« herausgebildet – und deren Vertreter bestehen darauf, dass auch die westliche Psychologie, die sich anmaßt, weltweit die Definitionen für krank und gesund zu setzen, eine indigene Psychologie sei.

Wenn hochgebildete Angehörige unseres Kulturkreises die Beschränktheit ihrer Wahrnehmung leugnen, dürfen wir das Lateinische bemühen und von Nostrismus sprechen: Das ist, ethnisch neutral, die Verabsolutierung des Unsrigen.

Wenn Journalisten für die Grenzen ihrer Erkenntnis keine Antennen haben, hat das Folgen: für die Qualität der Medien und für die gesellschaftliche Kommunikation, zumal mit dem sogenannten Fremden. In der deutschen Debatte über Migration und Integration sind viele Journalisten Opfer ihrer Selbsttäuschung, sie verkennen völlig ihre eigene Rolle. Drei

Jahrzehnte lang haben die Medien das Thema Zuwanderung gemäß ihrer üblichen Funktionsweise beackert: *Good news is no news*. Berichtet wird, wenn es kracht, und nicht, wenn etwas gut läuft. Das ist im Einzelfall normal, doch führt in der Summe zu einer gefährlichen Verzerrung: Die Integration, sagen Experten, ist im deutschen Alltag häufig viel besser gelungen, als die Medien glauben machen. Die öffentliche Meinung nimmt jedoch Erfolge wenig zur Kenntnis, bleibt vielmehr »rückständig, realitätsfern, griesgrämig und von Ur-Ängsten dominiert«, so drückt es die Politologin Naika Foroutan aus.

Müssten die Medien nicht endlich anerkennen, welchen Anteil sie an Griesgram und am Klima der Angst haben? Die meisten Journalisten können sich tatsächlich nicht vorstellen, dass sie selbst ein Hindernis für eine positive gesellschaftliche Entwicklung sind. Sie sehen sich als progressiv, modern, aufgeschlossen und mobil. Sie sehen sich als Teil der Lösung, nicht als Teil des Problems. Reformstau haben nur die anderen.

In Wirklichkeit ist die Medienbranche selbst besonders integrationsunwillig: Schon Ostdeutsche waren ihr zu fremd, und für Journalisten mit Migrations-Hintergrund wurde die Tür bisher nur einen Spaltbreit geöffnet. Wie anders könnte der deutsche Journalismus aussehen, wenn es mehr Berichterstatter mit einer sogenannten hybriden Identität gäbe, mit beweglicheren Antennen!

Es ist allgemein anerkannt, dass eine Reportage vom Kollegen A ganz anders geschrieben wird als vom Kollegen B; das wird als Subjektivität bezeichnet. Doch haben A und B in der Regel viel mehr gemein, als ihnen bewusst ist: ihren europäischen oder womöglich eurozentrischen Blick. Diese Gruppen-Subjektivität wird jedoch anders als die individuelle Subjektivität kaum reflektiert. Sie ist die selbstverständliche Ausgangsbasis unserer Arbeit.

Gewiss: Gute Journalisten suchen den Blick der anderen Seite – als Ergänzung. Wir fügen ihn aus Gründen der Fairness hinzu oder um unsere Texte farbiger zu machen, im Branchenjargon »authentischer«. Aber wir glauben im Allgemeinen nicht, dass wir den Blick der Anderen brauchen, um uns überhaupt der Wahrheit zu nähern. Im Zweifelsfall würden wir die Wahrheit auch alleine hinkriegen.

Bei jenen Print- und Fernsehmagazinen, die heute überhaupt noch Auslandsaufträge vergeben, ist das Entstehen neuer, überraschender Erkenntnis schon im Ablauf kaum mehr vorgesehen. Für eine *arte*-Dokumentation muss ein freier Filmemacher ein detailliertes Drehbuch vorlegen, um den Auftrag zu bekommen. Später besteht die Kunst darin, die Realität so zu filmen, dass sie das Drehbuch erfüllt. Bei Print-Magazinen wird ein Thema manchmal auf so vielen Konferenzen vordiskutiert, dass nachher der Eindruck aufkommen kann, die Recherche vor Ort solle nur die Farbe liefern: für das kindliche Buntschraffieren der vorgegebenen Umrisse.

Ein gewisser Zwang zur Vereinfachung ist sicherlich jeder journalistischen Tätigkeit eigen. Ich erinnere mich, wie ein malaysischer Kollege in einer dortigen Diskussion über die Medien sagte: »Für eine europäische Zeitung muss ich 500 Jahre burmesische Geschichte in einem Satz zusammenfassen. Mit diesem Satz werden die Burmesen niemals einverstanden sein.« Bemerkenswerterweise nahm der malaysische Kollege hier bereits die Position eines Mittlers zwischen zwei Anderen ein.

Aber lässt sich mit weniger Wissen besser berichten? So absurd die Frage klingt: Sie wird von fast allen Medien mit »ja« beantwortet. Fast alle Korrespondenten werden nach einem bestimmten Turnus, also nach einigen Jahren, ausgewechselt – weil sie sich dann zu sehr akklimatisiert haben, zu sehr akkulturiert sind. *Going native* wird das abschätzig genannt, ein Ausdruck aus der Kolonialzeit: sich den Eingeborenen annähern. Man kennt die Gesellschaft des Gastlandes bereits zu gut, man wundert sich nicht mehr über alles, kurz: man versteht zu viel. Die Neugier und »der frische Blick für Geschichten« sind verloren gegangen. Der Korrespondent ist aufgrund seines gestiegenen Wissens quasi journalistisch wertlos geworden.

Ich weiß aus eigener Erfahrung: Die Frische des Blicks ist tatsächlich kostbar. Die ersten Erfahrungen in einem fremden Land sind besonders intensiv; man saugt wie ein Schwamm alle Eindrücke auf, das Gehirn arbeitet auf Hochtouren, man begreift vieles eher intuitiv als im Detail, und dieses sinnliche Erleben verleiht der Sprache Kraft. Aber darum allein geht es nicht. Denn sonst müsste die ständige Rotation zum Beispiel auch von den Berliner Hauptstadt-Journalisten verlangt werden, die auf ihre Weise am *Going native* kranken und nach vielen Dienstjahren die gebotene Distanz gegenüber Politik und Politikern längst verloren haben. Wenn zu viel Wissen einen Auslandskorrespondenten entwertet, dann erzählt das vielmehr von einer tragischen Selbstbeschränkung. Es erzählt, wie sich unsere Gesellschaft Erkenntnis organisiert – und auf organisierte Weise vorenthält.

Ganz zweifellos verändern sich nach einer gewissen Zeit in der Fremde die Maßstäbe. Eine Mittelklasse-Gegend in den Philippinen mag für unsere Augen zunächst aussehen wie ein Armutsviertel. Wir sind Blinde, sobald wir unseren vertrauten Kulturkreis verlassen, die Zone der uns vertrauten Zeichen. Simpler und zugleich schwerer als die Deutung eines tibetanischen Rollbildes ist: Alltag entziffern. Zäune, Feldgröße, Straßenbreite interpretieren. Dächer lesen. Was ist arm? Woran erkennt man unter den Armen den Besserverdienenden? Wie viele Kochtöpfe verraten gesellschaftlichen Aufstieg? Wie riecht gutes Leben im Schlechten? Die Maßstäbe dafür kommen nur allmählich in unsere Köpfe, durch beobachten und vergleichen. Und wie viele unserer journalistischen Urteile entstehen aufgrund falscher Wahrnehmung, falscher Maßstäbe?

Doch wenn der Korrespondent bessere, adäquate Maßstäbe gefunden hat, dann bekommt er ein Problem. Denn er darf sich ja nicht zu weit von den Vorurteilen und Stereotypen der Heimat entfernen, jenen Stereotypen seines Publikums, die oft auch von den Redakteuren der Zentrale geteilt werden. Er darf also, um die Metapher noch einmal aufzunehmen, diesen ganz speziellen schiefen Blick nicht verlieren. Denn das Kriterium dafür, was im Branchenjargon »eine Geschichte« ist, liegt vor allem im Auge des Betrachters zu Hause. Wenn wir alle muslimischen Frauen für unterdrückt halten, ist ein emanzipiertes Mädchen »eine Geschichte«. Jeder zweite Artikel oder Agenturbericht aus Afrika handelt von Kriegen und Katastrophen: Nicht etwa weil die Wirklichkeit Afrikas zu 50 Prozent kriegerisch und katastrophal wäre. Sondern weil es offenkundig ein Bedürfnis gibt, Afrika leiden zu sehen. Leiden, sterben, morden.

Unsere Medien wollen nicht, dass ein Inder über Indien berichtet, denn er teilt nicht »unseren Blick«. Und der Deutsche, der zu lange in Indien ist, teilt – oh Schreck – auch nicht mehr so ganz unseren Blick. Wir erhalten uns unsere eurozentrische Perspektive, indem wir ständig für personellen Nachschub sorgen. Natürlich gibt es Ausnahmen: hochqualifizierte Kollegen, die lange in einer Region bleiben oder ein zweites Mal dorthin entsandt werden. Und freie Journalisten, für die das Gastland zur neuen Heimat geworden ist. Aber im Großen und Ganzen gilt: Wie das diplomatische Korps die politischen und wirtschaftlichen Interessen Deutschlands vertritt, so sind die Korrespondenten das Korps zur Verteidigung unserer Weltanschauung. Je nach Liberalität des Arbeitgebers dürfen sie sich zentimeterweise oder auch meterweise vom Mainstream entfernen. Aber die Welt vom Kopf auf die Füße stellen, sprich: sie ganz anders sehen als der Zuschauer daheim auf dem Sofa – dafür werden sie nicht bezahlt.

Sich von den Normalitätsvorstellungen seiner eigenen Kultur distanzieren und das Fremde aus dessen eigenem kulturellen und sozialen Kontext begreifen, das wird in einer neuen, interkulturell orientierten Strömung der Psychologie »Dezentrierung« genannt. Man hört es förmlich ein wenig wackeln bei diesem Wort. Dezentrierung, das ist die vorsichtige Ablösung von jenem einzigen Verankerungspunkt, den wir unbewusst für die Erdachse halten. Obwohl es doch unser ganz persönlicher geistiger und emotionaler Ankerplatz ist, von dem aus wir die Welt interpretieren. Dezentrierung, das ist Verunsicherung, die Verunsicherung des weißen Blicks auf die Welt. Das muss man wollen; es lässt sich nicht erzwingen. Und in einer Zeit westlichen Sicherheitswahns ist Verunsicherung sehr wenig gewollt.

Warum überhaupt ein Korrespondent vor Ort? Man würde denken: Um die ganze Vielfalt und Widersprüchlichkeit des Geschehens zu erfassen und um gegebenenfalls eine andere Wahrheit als die der hastigen Nachrichtenagenturen zu finden. Aber oft ist der Korrespondent, zumal im Fernsehen, nur ein Darsteller von Authentizität, ein Darsteller von Ferne. Seine Zentrale, die alle Quellen nutzen kann, ist über die aktuelle Lage womöglich »besser«, jedenfalls schneller informiert als er, und für eine Vor-Ort-Recherche hatte er keine Zeit. Vor seinem Auftritt in der Sendung wird im Detail abgesprochen, was er sagt. Stünde er vor einer Fototapete in einem Hamburger Studio, dann würde er es nicht sehr viel anders sagen.

Afghanistan, eine internationale Konferenz zur Zukunft des Landes. Die meisten westlichen Schlagzeilen folgen der Linie, wie sie die US-Politik vorgibt: Optimismus! In der *Süddeutschen Zeitung* berichtet Thomas Matern, wie es in Kabul wirklich aussieht: »Die Konferenz findet (...) in einem von tausenden Sicherheitskräften abgeriegelten Paralleluniversum statt. Mit der Lebensrealität der Menschen haben die Wünsche und Vorhaben, die bei dem Treffen besprochen werden, nicht viel zu tun.« Den Alltag prägt die Konferenz nur auf diese Weise: »Zivilisten ist es in vielen Stadtteilen nicht einmal erlaubt, über die Straße zu spazieren.«

Fern von der Lebensrealität der Menschen, zugleich ihren Alltag bestimmend – das ist, über Kabul hinaus, eine Beschreibung jener internationalen Spitzenpolitik, in der nur wenige Staaten dominieren. Und die Medien dieser Staaten blicken oft aus derselben Perspektive auf das Weltgeschehen wie ihre Regierungen.

Nach dem Ende des Kalten Krieges sind neue hegemoniale Begriffe entstanden, die als unideologisch daherkommen, aber in Wirklichkeit hochideologisch sind – und die Medien haben sie sich ohne Scheu zu eigen gemacht. »Die internationale Gemeinschaft«, das Wort hat sich in unser Denken gefressen und in alles Schreiben. Der Begriff leitet sich nicht her, sondern begründet sich allein in sich selbst. Das heißt: eine politische oder journalistische Position, die sich in dieser Begrifflichkeit äußert, ist per se unangreifbar. Ein Satz wie »die internationale Gemeinschaft sorgt sich, dass…« lässt keinen Spielraum dafür, dass diese Gemeinschaft womöglich eine Bande gieriger Warlords oder Casino-Kapitalisten sein könnte. Derjenige, über den sich die Gemeinschaft sorgt, ist stets der Outlaw. Und wir, die Leser wie die Journalisten, sind Teil einer großen, edlen Gemeinschaft der Guten.

Der Bauer, der in Mali mit der Hacke aufs Feld zieht, fühlt sich nicht als Teil dieser internationalen Gemeinschaft. Er ist nie danach gefragt worden, und würde er gefragt, hätte er wenig Anlass für die Annahme, diese Gemeinschaft verträte seine Interessen. Wie kann jemand, der ihm faire Preise für seine Baumwolle verweigert, behaupten, er spräche für »die Weltgemeinschaft«? Sobald man sich in den malischen Bauern hineinversetzt, spürt man, wie lächerlich solche hegemonialen Vokabeln sind. Trotzdem werden sie wie ein Mantra wiederholt und entfalten eine enorme Bindewirkung im Medienpublikum der westlichen Industrienationen. Obwohl kaum jemand zu definieren vermag, wer die internationale Gemeinschaft nun genau ist, scheint jeder intuitiv zu wissen, was damit gemeint ist: eine Art höheres, abstraktes Wir.

So vergewissern wir uns tagtäglich, dass die Ordnung dieser Welt, auch wenn sie nicht in bester Verfassung ist, im Großen und Ganzen doch so sein muss, wie sie ist. Wir sind nicht die Outlaws, wir sind Teil der Lösung, nicht Teil des Problems. Wir leben mit unserem Energieverbrauch, unserer billigen Kleidung, unseren spottbilligen Lebensmitteln nicht auf Kosten anderer. Und wir schützen uns vor zu viel Erkenntnis.

Verschwiegene Helfer

Dolmetscher, Mittler, Brückenbauer:
Die Unersetzlichen, die nie genannt werden

Die Reisfelder leuchteten in saftigem Grün, besprenkelt mit den spitzen Hüten der Bäuerinnen. Dahinter die Berge wie ein dunkles Relief. Die Schönheit der Landschaft in Aceh, an der Spitze Sumatras, traf mich unvorbereitet. Und angesichts dessen, was in diesem westlichen Zipfel Indonesiens vor sich ging, hatte alle Schönheit etwas Schmerzliches.

Erst viel später würde Aceh durch die Zerstörungen beim großen Tsunami auf die Karte der Weltnachrichten geraten. Zum Zeitpunkt meines Besuchs hielt ein anderes Leid die Region gefangen: ein blutiger Konflikt zwischen einheimischen Separatisten und indonesischem Militär.

Für eine meiner ersten Reportagen in Südostasien hatte ich mir ausgerechnet diesen entlegenen, gewaltzerfurchten Winkel ausgesucht. Es war eine Art Flucht nach vorn, ich wollte mich konfrontieren mit etwas, das mir extrem fremd vorkam, bedrohlich fremd. Auslöser war ein Foto gewesen, ein Foto der Rebellen: Schweißglänzende, schwerbewaffnete Machos vor tropischer Buschkulisse. Grüne Hölle pur. Die Blockade, die dieses Bild in mir hervorgerufen hatte, wollte ich überwinden, lieber heute als morgen.

Als ich in Banda Aceh eintraf, der Provinzhauptstadt, hatte ich nicht einmal einen Dolmetscher. Der Flughafen war übersichtlich; am Ausgang stand ein Mann, den die gütige Hand der Vorsehung anscheinend dort für mich postiert hatte: Er sei mit einer BBC-Reporterin verabredet, die nicht erschienen sei, sagte er. Ob ich einen Dolmetscher brauchte? Welch ein Glücksfall!, dachte ich. Für die BBC, da musste sein Englisch doch exzellent sein.

Im Taxi glänzte der Mann mit Small Talk, beim ersten Interview packte mich Entsetzen: Sein Wortschatz war minimal. Er war ein Blender, ein Aufschneider. Ich brauchte einen halben Tag, um ihn loszuwerden: Er hatte bereits einen Wagen organisiert, und dessen Fahrer weigerte sich, ohne seinen Aufschneider-Kumpel zu fahren. Also hieß es, auch den Wagen wieder loswerden.

Nach einigem Umherirren fand ich einen Englisch-Lehrer. Er sympathisierte heftig mit den Separatisten und wurde bei unseren Interviews manchmal von seinen Emotionen überwältigt. Wir versuchten, weibliche Opfer von Militärgewalt zu befragen, Vergewaltigungsopfer; die jungen Mädchen saßen steif und befangen vor uns, und jede schnürte ihr Unglück in einen hermetischen, kurzen Satz. Als die 19jährige Rosmani ihren Satz sagte, begann der Dolmetscher zu schluchzen. Rosmani blickte stumm auf den weinenden Mann, mit abwesenden Augen. Sie war 12, als ihre Familie vom Militär umgebracht wurde. Der Dolmetscher brüllte mir danach die weiteren Übersetzungen ins Gesicht; er war fassungslos, dass ich nicht aus Mitgefühl gleichfalls die Fassung verlor.

Eine Begegnung mit den Rebellen im Busch kam nicht zustande, wir mussten abdrehen; zu viel Militär umschwärmte unseren geheim geglaubten Treffpunkt. Vielleicht war das Scheitern heilsam; ich beschränkte mich auf ziviles Terrain und versuchte, soziale Zeichen zu entziffern: Wie diese Gesellschaft an der Gewalt fast zerbrochen war und nun versuchte, sich zu heilen. Daraus wurde später ein stiller Bericht, ohne Machos, Schweiß und Tropenhölle. Ich hatte etwas verstanden, von Aceh und von mir selbst: Es war nicht nötig, die Methoden draufgängerischer Kollegen zu kopieren. Es gab andere Zugänge, Seiteneingänge und Tapetentüren; ich musste nur meiner Intuition vertrauen und meinen eigenen Blick auf ein Geschehen entwickeln.

Dafür aber brauchte ich Partner, Dolmetscher, die meinen Ansatz verstehen und differenziert mitdenken. Wie elektrisierend eine solche Kooperation sein kann, spürte ich wenig später zum ersten Mal bei Matheus, einem 29jährigen arbeitslosen Hochschulabsolventen. Er war als Junge sechs Jahre auf ein jesuitisches Priesterseminar gegangen, ein indonesischer Lateiner. Gebürtig auf Java, war seine erste Muttersprache javanisch, die Sprache, in der er Gefühle ausdrückte. Für politische Fragen bevorzugte er Bahasa Indonesia, die Verkehrssprache Indonesiens.

Javanisch hat diverse Stilebenen, je nach Status des Gesprächspartners; einmal erlebte ich Matheus tief beschämt, weil er einen Interviewpartner sozusagen zu niedrig angesprochen hatte. Er blieb den ganzen Nachmittag bedrückt. Ich merkte in diesem Moment, wie vergleichsweise leicht ich es doch hatte: Ich artikulierte einfach meine Fragen, und Matheus musste dazu eine passende Melodie finden, damit es überhaupt zum Gespräch kam.

Der junge Indonesier brannte für sein Land, für die Demokratie, die sich gerade zu entwickeln begann. Wir diskutierten halbe Nächte.

Mit Menschen wie Matheus habe ich danach immer wieder gearbeitet: Sie sind keine professionellen Dolmetscher, die man über Botschaften oder Handelskammern vermittelt bekommen könnte und die für ein Spitzenhonorar eine Geschäftsverhandlung in einem klimatisierten Büro übersetzen. Reporter brauchen Leute für das Staubige; Leute, die mit ihnen durch die Pampa ziehen, an langen, heißen, sich unübersehbar entwickelnden Tagen. Fährtensucher, Türöffner, Kontaktemacher. (*Fixer* werden sie im Branchenjargon genannt.) Und ich brauche ganz bestimmte Leute, für meine Art der Recherchen, die auf Verstehen und Erklären aus sind.

Oft arbeite ich mit sogenannten demokratischen Aktivisten, mit Leuten aus der Zivilgesellschaft, die mich genau dahin bringen können, wo ich hin möchte: in die geistig wachen, vibrierenden Sektoren ihrer Gesellschaften. Ein solcher Mitarbeiter kann ein großes Geschenk sein, und ich verabschiede mich nach einer Recherche in Dankbarkeit und mit Bedauern. Ein Mensch ist für mich zu einem Fenster geworden auf sein Land.

Wir Journalisten kommen ja als Blinde, auch wenn wir uns kluggelesen haben; wir stolpern in eine Kultur, die wir nicht kennen. Nichts ist dann produktiver als die Begegnung mit einem jungen, gebildeten Menschen, der einen mit der ganzen Unübersichtlichkeit der wirklichen Wirklichkeit konfrontiert. So war es mit Hong in Kambodscha. Ein junger Archäologe; er arbeitete als Projektbetreuer bei der Heinrich-Böll-Stiftung in Phnom Penh, ich konnte ihn gegen Honorar ausleihen. Zwei Wochen würden wir zusammen durchs Land reisen, auf den Spuren des Genozids durch Pol Pot und seine Roten Khmer. Mich interessierte der Seelenzustand des Landes, der Umgang mit der Vergangenheit, sagte ich Hong bei unserem ersten Mittagessen. Hong lächelte mich über sein Suppen-Schüsselchen hinweg an und sagte heiter: »Der Genozid interessiert mich überhaupt nicht. Das ist ein Ausländerthema.« Wenn selbst jemand wie er, aus der winzigen einheimischen Bildungselite, diese Haltung hatte, wie würde es erst bei anderen sein?

Während unserer Recherche begann Hong dann doch, sich für diese spezielle Geschichte seines Landes zu interessieren. Entscheidend war indes etwas anderes: Hong war glühender Buddhist in einem Land, wo die Religion nahezu ausgerottet wurde; er führte mich bei dieser Recherche, ohne viel darüber nachzudenken, auf buddhistische Pfade. Wenn wir nicht weiter wussten, wandte er sich an Mönche, und tatsächlich gelang es uns, mithilfe eines Abts Kontakt zu ehemaligen Roten Khmer zu bekommen. Es waren nicht die hohen Funktionäre, die abgeschirmt lebten, sondern mittlere Kommandeure. Bei einem Gespräch standen die halbwüchsigen Kinder des Mannes plötzlich hinter uns, angespannt lauschend. Der Vater hatte ihnen nie etwas erzählt.

»Die Pol-Pot-Zeit lag wie ein gestaltloser Schatten über dem Land«, schrieb ich später. Ich hatte mich viel mit der jüdischen Verarbeitung des Holocaust befasst, in der die Erinnerung so wichtig ist, als Akt der Katharsis. In Kambodscha schien es nichts Vergleichbares zu geben. Nur Verdrängen, Schweigen und indirekte Hinweise auf Traumatisierung. Der Verlust jeglichen Vertrauens in die Gemeinschaft hatte bei vielen zu einem krankhaften Misstrauen geführt, zu übernervösen und aggressiven Reaktionen.

Hong war zu all dem ein Kontrast, als hätte ihn der Schatten nie berührt. Morgens um sieben, wenn wir uns zum meist düsteren Programm des Tages trafen, strahlte er wie von innen erleuchtet.

Journalistinnen, die im Ausland unterwegs sind, ziehen oft eine Aura geschlechtlicher Neutralität um sich herum – als Schutz, und um sich die Arbeit einfacher zu machen. Aber natürlich mögen wir manchmal die Männer, mit denen wir arbeiten. Auf eine ganz andere Weise als Hong mochte ich Shaker, einen ägyptischen Dozenten an der islamischen Al-Azhar-Universität in Kairo. An dieser größten sunnitischen Lehranstalt zwei Wochen lang für eine Reportage ein und aus zu gehen, das war überhaupt nur möglich dank Shakers geschickter Vermittlung. Ein arabischer Germanist, stets in einen etwas knappen Anzug gezwängt, perfekt gekämmt, die Goldbrille funkelnd.

Ich hatte Shaker im Haus des Deutschen Akademischen Austauschdiensts in Kairo kennengelernt, als ich jemanden suchte, der mir einige zentrale islamisch-arabische Begriffe mit linguistischer wie religiöser Kenntnis erklären konnte. Shaker tat das mit Vergnügen. Meine Bemühungen, Arabisch zu lernen (und später Persisch), haben in fortgeschrittenem Alter nicht weit getragen. Aber meine Leidenschaft für die Wurzeln der heimtückisch mäandrierenden arabischen Begriffe hat mich zumindest vor einigen Missverständnissen bewahrt, die sich durch viele journalistische Artikel ziehen. Angefangen mit dem Wort Dschihad, das verschiedenste Anstrengungen meint; da die meisten Kollegen nur die kriegerische Bedeutung kennen, schließen sie aus der Tatsache, dass Dschihad auch ein arabischer Vorname ist, auf die feindselige Mentalität ganzer Elternschaften.

Shaker, der Germanist, hatte über das Islam-Bild bei Karl May promoviert. Er war ein Mann, der beide Seiten kannte, den Westen und die islamische Welt. Während unserer Recherche an der Azhar-Universität wand er sich oft in Qualen: Er verstand natürlich, warum diese höchst konservative Institution westlichen Reportern keinen Einblick in ihre innere Widersprüchlichkeit geben wollte – und dass er, wenn es dann doch gelänge, am Ende von seinen Azhar-Kollegen dafür verantwortlich gemacht werden könnte.

Erst ganz zum Schluss erzählte Shaker, wie es ihm in Deutschland ergangen war. Wie er sich in Leipzig vor Neonazis auf eine Toilette flüchtete, die Tür verrammelte und dann sah, wie aus der Nachbarkabine eine Blutspur über die Kacheln lief. Er hatte das vorher niemandem erzählt, seinen Eltern nicht und seinen Studenten nicht. Weil er doch Liebe zur deutschen Kultur wecken wollte, sagte er. Später ging Shaker, wie andere schlecht bezahlte ägyptische Dozenten, an eine Universität in Saudi Arabien, obwohl der dortige Islam ihm kaum gefallen konnte. Shaker dozierte nicht nur über Religion, er war tatsächlich ein religiöser Mensch. Und wie so viele, die ihren Islam mit dem Herzen leben, muss er sich gegen Fehlinterpretationen auf allen Seiten zur Wehr setzen.

Ich bewundere Journalisten, die in den Sprachen ihres Berichterstattungsgebietes zu Hause sind, oft nach Jahren einschlägiger Studien. Wie die Nahost-Korrespondenten alter Schule, die arabisch, persisch, türkisch konnten, bevor sie auf erste Recherchen gingen – und dann lebenslang in der Region blieben. Heute lernen die Kollegen des immer mehr ausgedünnten Korrespondenten-Netzes die betreffende Sprache oft erst, wenn sie im Anflug sind. Und wenn sie halbwegs fit darin sind, rotieren sie zum nächsten Einsatzort. Wer wie ich in einer sehr breiten Palette von Ländern recherchiert, kann auf Dolmetscher ohnehin nicht verzichten. Ich hatte oft das Gefühl, dass ich durch die Übersetzung zwar einiges verliere, aber auch vieles gewinne.

So war es in Marokko, in Casablanca, bei einer Recherche über unverheiratete junge Mütter; für die meisten Marokkaner ein Tabuthema. Die schüchternen jungen Frauen offenbarten meiner Dolmetscherin Najiba Dinge, die sie mir nie direkt erzählt hätten. Sie sprachen über ihre Angst und ihre Scham, und wie sie von den eigenen Eltern aus dem Haus gejagt worden waren.

Eines der Mädchen hatte eine so hohe Stimme, dass ihre Erzählung dem kläglichen Zirpen eines verwundeten Vogels glich. Sie vergaß meine Anwesenheit, sie piepste und zirpte ihr Leid in Najibas Ohren, als schüttete sie einer älteren Schwester ihr Herz aus. Ich musste lernen, nicht zu unterbrechen. Und ich musste mich völlig auf Najiba verlassen.

Sie trug ein Kopftuch, deshalb hatte ich sie ausgesucht. Najiba war Hochschul-Absolventin, aber durch ihr Kopftuch wirkte sie zugleich sehr normal, nahbar, nicht zu entrückt für die Mädchen aus der Unterschicht, mit denen wir es zu tun hatten.

Najiba lebte allein, sie brauchte das Geld und war eigens aus Tanger angereist für eine Woche Job in Casablanca. Sie übernachtete in einer billigen Pension am Bahnhof, zu meiner Beschämung, weil der Etat des Frauenmagazins *Brigitte* für sie so begrenzt war. Ich war aus Berlin eingeflogen, die Fotografin aus Hamburg, für eine Reportage über ein lobenswertes Frauenprojekt mit ledigen Müttern, aber wir konnten unserer Dolmetscherin kein anständiges Hotel bezahlen. Nehmt doch jemanden aus Casablanca!, hatte die Redakteurin in Hamburg gesagt. Oft verstehen Redaktionen nicht, wie schwer es ist, jemand Gutes, Passendes zu finden. Es kann eben nicht »jemand« sein. Najiba war eine emanzipierte Kopftuchträgerin; mit diesem Typ junger Frauen habe ich auch in anderen Ländern gern zusammen gearbeitet.

In manchen islamischen Gesellschaften herrscht eine starke Trennung der Geschlechter; da ist es für mich schon aus praktischen Gründen ratsam, mit einer Frau zu arbeiten. Allerdings finden es gerade dort viele Frauen nicht schicklich, mit einer Ausländerin herumzurennen und Männer zu treffen – oder ihre Familien protestieren. Hat man schließlich eine Mitarbeiterin gefunden, wird die Erfahrung, sie zu begleiten, zu einem Grundkurs über weiblichen Lebensstil. Eine meiner Dolmetscherinnen im Jemen verdächtigte jeden Taxifahrer der sexuellen Belästigung: Bevor sie einstieg, studierte sie eingehend das Gesicht des Mannes. Manchmal sagte sie dann zu mir »Not a good man!« und schickte das Taxi ohne weitere Erklärungen weg. Einmal zwang sie uns, während der Fahrt das Taxi zu verlassen; der Fahrer hatte sich mit ihr unterhalten, sie hatte Anspielungen herausgehört, das reichte.

Ich lernte durch ihr Verhalten, so übertrieben es mir manchmal erschien, welch große Rolle sexuelle Belästigung für die Jemenitinnen spielt – einem Land, in dem Frauen meistens komplett verschleiert sind, bis auf einen Augenschlitz. Wenn ein Bürgersteig durch eine Baustelle verengt war, benutzte meine Dolmetscherin die Fahrbahn. Zur Erklärung sagte sie: »Lieber lasse ich mich von einem Auto anfahren als von einem Mann betatschen.«

Auch meine Dolmetscherin in Saudi-Arabien war vollverschleiert, doch war dies das einzige, was sie mit einer bescheidenen Jemenitin gemeinsam hatte. Shenehaz ließ von Beginn an keinen Zweifel daran, dass sie nur mit mir arbeitete, weil sie als Tochter einer geschiedenen Mutter zum Haushaltseinkommen beitragen sollte. Mit anderen Worten: Eigentlich war diese Arbeit unter ihrer Würde. Sie hätte es deshalb gerne gesehen, wenn sich meine Recherchen auf die klimatisierten Shopping-Malls von Riad beschränkt hätten; sie sind ein beliebter Treffpunkt für die Frauen der Mittel- und Oberschicht.

Um mich für ihr Land einzunehmen, zeigte mir Shenehaz, dass von sündhaft teuren Handtaschen und Schuhen stets die allerneuesten Modelle importiert würden, *just arrived*! Als wir in einer Shopping-Mall die Toilette aufsuchten, fragte ich die indische Klofrau, wie viel sie verdiente. Die Summe war schockierend niedrig; indische Frauen stehen in der saudischen Hierarchie ausländischer Arbeitskräfte auf der untersten Stufe. Shenehaz hatte für meine Empörung keinerlei Verständnis. Sie sagte nur abfällig: »In ihrem Land sind die Löhne eben so.«

Shenehaz war außerordentlich hübsch, und sie ging mit dem Selbstbewusstsein und der Körperhaltung einer Frau, die sich ihrer Schönheit bewusst ist. Die *Abaya*, das schwarze Gewand, war dafür kein Hindernis, auch für die Männer nicht. Sie starrten ganz ungeniert auf Shenehaz' Brüste, die sich unter der Abaya abzeichneten.

In islamischen Ländern ohne eine derart strenge Trennung der Geschlechter ist es einfacher, fähige und kluge Dolmetscherinnen zu finden. In der Türkei half mir Elvan, eine junge Filmemacherin; wir untersuchten gemeinsam das Verhältnis von Religion und Republik.

Am Ende unserer gemeinsamen Reise durch die Türkei waren wir in der kurdischen Stadt Diyarbakir. Es war nach dem Freitagsgebet, die Moschee leerte sich gerade, und im Gedränge fiel mir ein älterer Mann auf. Er sah aus wie ein frommer Dandy, senfgelbe Weste, Hose und ein bodenlanger Mantel, leuchtend hennarot gefärbt Bart und Haar, obenauf ein weißer Turban. Auf dem kurzen Weg von der Moschee zum Bazar drängten sich Männer, seine Hand zu küssen. Er war, wie sich später herausstellte, ein Sufi-Scheich vom Orden der Nakshibendi, einer offiziell verbotenen Bruderschaft, die gleichwohl ein einflussreiches Netzwerk im Staat unterhält.

Ich flüsterte Elvan zu, dass ich mit ihm reden wollte. Sie zögerte; den Scheich inmitten der handküssenden Männer mit einem Interviewwunsch zu überfallen, noch dazu als zwei Frauen, Elvan in ärmelloser Bluse – wir würden einen kleinen Zusammenstoß der Kulturen inszenieren. Ich stieß Elvan noch einmal an, sie rang sich durch, trat an den alten Mann mit zwei Sätzen heran – und, oh Wunder: Der Scheich machte uns wortlos ein Zeichen, ihm zu folgen.

Die Basarklause eines Herrenschneiders schien ihm ein würdiger Ort zum Reden, dort saßen wir auf winzigen Höckerchen, umringt von hohen Regalen mit Hemden und Hosen. Fünf Männer lauschten stehend in respektvollem Abstand, leicht vorgeneigt, damit sie keines der schlichten Worte des Scheichs verpassten. Er war ein frommer, toleranter Mensch; zum Abschied sagte er mir einen Satz, der seinen weiten Horizont verriet: »Was immer deine Wahrheit ist: Gott möge sie dir geben.«

Elvan musste wegen eines besser bezahlten Auftrags zurück nach Istanbul. Ich wollte noch Station in Kayseri machen, einer aufstrebenden anatolischen Wirtschaftsmetropole, und ich war zuversichtlich, dort für einen Tag einen Dolmetscher zu finden, zumal mir ein örtlicher Unternehmerverband Hilfe versprochen hatte. Vor Ort war mein Kontaktmann nicht zu erreichen, ich suchte vergebens herum – und behalf mich schließlich mit dem englischsprechenden Barkeeper meines Hotels.

Eine kuriose Notlösung, denn zu meinen wenigen Terminen in Kayseri gehörte ein Besuch beim weiblichen Mufti. Natürlich wagte ich der Vertreterin des Staats-Islam nicht zu sagen, dass ich einen Barmann in ihr opulentes Büro geschleppt hatte, aber während des Gesprächs war eine gewisse Irritation mit Händen zu greifen. Mein Barmann hatte sein Englisch in britischen Pubs gelernt, ihm fehlten für religiöse Dinge buchstäblich die Worte. Entsprechend kurz, verdächtig kurz, waren seine Übersetzungen, begleitet von einer vagen »Na-Sie-wissen-schon…«-Gestik. Ich leitete einen hastigen Abschied ein.

Naghmeh, meine Dolmetscherin in Iran, schätze ich als eine ganz besondere Person – obwohl ich weiß, dass sie staatlichen Organen im Zweifelsfall Auskunft über mich geben muss. Sie hat sich über mehr als ein Jahrzehnt Schritt für Schritt auf dem heiklen Terrain der Kooperation mit ausländischen Journalisten voran getastet, und alle deutschen Korrespondenten lieben ihren Humor; er ist zugleich selbstironisch und tröstend. Ein Humor, wie ihn Menschen vielleicht nur in unfreien Gesellschaften entwickeln.

Meist entstammen Dolmetscher und Recherche-Assistenten der gebildeten Mittelschicht ihrer Länder, wenn nicht gar der

Oberschicht; diese soziale Begrenztheit kann, wenn man nicht aufpasst, die Berichterstattung verzerren. Und manchmal lernen die jungen Gebildeten sogar erst an der Seite eines ausländischen Reporters die schwärzesten Seiten ihres eigenen Landes kennen. Auf Empfehlung einer Nichtregierungs-Organisation besuchte ich in Jakarta ein Wohnviertel, das regelmäßig vom Brackwasser und von den giftigen Abwässern der nahen Fabriken überschwemmt wurde. In dieses Elends-Venedig begleitete mich als Dolmetscher ein junger Universitätsdozent; er hatte in Aachen studiert. Die Bewohner des Viertels lebten in einem Ausnahmezustand, der Alltag geworden war. Eine Mutter erklärte uns, wie sie ihre Kinder regelmäßig auf das Bettpodest der Familie rettete, wenn die Brühe wieder kniehoch in der Hütte stand. Abends sagte der junge Dozent erschüttert, er hätte sich nicht vorstellen können, dass derartiges in seinem Land existiert.

Ein Dolmetscher, das ist nach dem ungarischen und osmanisch-türkischen Ursprung des Worts ein Mittler, ein Mittler zwischen zwei Parteien. Im besten Fall sind wir selbst, die Berichterstatter, später die Mittler zwischen unserer eigenen Kultur und jener, die wir besucht und erforscht haben. Dann ist Berichterstattung zugleich Übersetzung. Doch oft werden wir gehalten, Partei zu sein: Die Redaktionen wollen »unseren Blick« auf das Andere und den Anderen, und wir sollen uns von diesem Blickwinkel nicht um allzu viele Grade entfernen. Andernfalls könne sich der Leser nicht mehr wiederfinden in unserer Darstellung. Ist das kultureller Dünkel? Natürlich – aber nicht nur.

Wer verstanden werden will, muss »den Leser dort abholen, wo er ist«, wie es im Branchenjargon heißt. Guter Journalismus entsteht, wenn der Berichtende den fremden und den eigenen Blick ständig miteinander abgleicht. Oft geschieht dies durch Diskussionen mit dem engsten einheimischen Begleiter, also mit dem Dolmetscher oder der Dolmetscherin. Dennoch verschweigen wir in der Regel die Existenz unserer Gehilfen; sie scheinen nicht hinein zu passen in eine professionelle Reportage – obwohl das Ganze ohne sie niemals zustande gekommen wäre.

Wie viele einheimische Assistenten, Dolmetscher, Fixer jene Produkte und Produktionen ermöglichen, die wir als deutschen, angelsächsischen oder französischen Journalismus wahrnehmen, das fällt erst auf, wenn man Todeszahlen liest. In jedem Krieg verlieren zahlreiche einheimische Helfer für unseren Journalismus ihr Leben.

Die Sensibleren unter den Kollegen sind sich bewusst, dass das Ausblenden sämtlicher Recherche-Umstände zwar professionell ist im herkömmlichen Sinne, aber zugleich ein künstliches Bild der Wirklichkeit produziert. Die Autorin Carolin Emcke hat einmal am Beispiel einer Irak-Reportage beschrieben, was alles nicht in einem Text auftauchen darf, damit der Journalist als unbeteiligter und distanzierter Beobachter gilt. Anders gesagt: Damit ein Stück Wirklichkeit aufscheint, als gäbe es gar keinen Beobachter. »Wir entfernen unseren Ekel vor den verdreckten, stinkenden Stehklos, wir entfernen die Wut über die Willkür an Checkpoints, wir entfernen die Freundschaften, die entstehen auf allen Seiten, die Liter gezuckerten Tees, die es braucht, bis das Vertrauen hergestellt ist und die eigentliche Frage gestellt werden kann (...), und vor allem entfernen wir die Scham, die einsetzt bei der Rückkehr, die Scham, jemandem nicht geholfen zu haben, wo wir es vielleicht gekonnt hätten.«

Manchmal bauen Journalisten ihre Dolmetscher oder kulturellen *Guides* in die Dramaturgie ihrer Geschichte ein, zum Beispiel als eine Person, an der sie sich intellektuell reiben oder deren Angst die Gefährlichkeit eines Regimes illustriert. Das sind Kunstgriffe jenseits der Norm. Als dem Kollegen Kuno Kruse ein Journalistenpreis für eine *ZEIT*-Reportage über den bosnischen Bürgerkrieg zugesprochen wurde, stürzte er als erstes zum Telefon, rief seinen dortigen Dolmetscher an und brüllte in die Leitung: »WIR haben einen Preis gewonnen...!« Der Mann am anderen Ende, Nenad Popovic, hatte einen Verlag, und ein Teil des Preisgeldes kam bosnischen Autoren zugute. In der Notiz, welche *DIE ZEIT* über den Preis veröffentlichte, war Kuno Kruse dann wieder allein.

Es gibt Grenzen des Verstehbaren und des Übersetzbaren; daran kann auch der beste Dolmetscher nichts ändern. Das Unverständliche wird von Journalisten gern mit den Mitteln der Sprache übertüncht, es wird gleichsam weggespachtelt, damit niemand ins Stolpern gerät. Das Publikum hat sich daran gewöhnt; es ist bequem geworden. Und wenn dann doch einmal etwas nicht unmittelbar verständlich ist, wird das als Affront verstanden. Davon später mehr, beim Thema Islam.

Iran:
Die Zeichen lesen können

Notizen über die Arbeit
in einem schwierigen Land.
Und warum es gerade dort auf Nuancen ankommt

Eine Allee in Berlin-Dahlem; hohe Bäume, Vögel zwitschern, die Luft ist weich und feucht. Kaum ein Auto am späten Vormittag, kaum ein Laut. Die Konfliktherde der Welt scheinen unendlich weit entfernt, in einer staubigen, lärmenden, unwirklichen Ferne. Abweisend und hochgesichert steht die iranische Botschaft in dieser stillen Allee.

Hier beginnt jede Reise nach Iran; sie beginnt Wochen, wenn nicht Monate vor der Fahrt zum Flughafen. Ein Journalisten-Visum – von der Islamischen Republik wird es mit fürstlicher Willkür gewährt oder vorenthalten, beides innerhalb von unkalkulierbaren Fristen. Und wenn es dann irgendwann tatsächlich ausgehändigt wird, zu einem Zeitpunkt, da man gar nicht damit rechnet, dann heißt es schleunigst reisen, denn die Gnade, die den Zutritt gewährt, hat ein kurzes Verfallsdatum.

Zuvor, während des häufigen Antichambrierens in der Botschaft, darf man sich für einige Momente fühlen wie jene Afrikaner, die bei den Vertretungen europäischer Demokratien genauso (nur meist unhöflicher) hingehalten werden, wenn sie versuchen, ein Visum für Europa zu ergattern. Wir, die Reisenden aus dem wohlhabenden Norden, sind es gewohnt, dass uns die Grenzen der Welt offenstehen. Gedemütigt und hingehalten zu werden, das muten wir anderen zu; wenn es uns selbst widerfährt, sind wir empört. Eine solche Lektion in globaler Gerechtigkeit zu erteilen, liegt der Islamischen Republik allerdings fern; sie mag einfach keine Journalisten.

Ankunft in Teheran auf dem Imam-Khomeini-Airport. Bevor ich das Flugzeug verlasse, muss ich mir ein Tuch um den Kopf legen; in Iran ist das gesetzliche Pflicht, ein Unikum in der islamischen Welt. Es ist Nacht, und der internationale Flughafen liegt soweit von der Hauptstadt entfernt, dass während der endlos wirkenden Taxifahrt der Eindruck aufkommt, der Fahrer fahre in die entgegengesetzte Richtung, zum Persischen Golf. Sonst wirkt alles normal, niemand scheint von meiner Ankunft Notiz zu nehmen, der Empfang im Hotel ist freundlich.

Am nächsten Morgen kommt meine Dolmetscherin ins Hotel. Wir plaudern einen Moment, aber die Zeit drängt – es gilt die Formalitäten zu erfüllen, die meine Recherche erst legalisieren. Das mühsam errungene Pressevisum allein berechtigt nämlich zu gar nichts! Zuerst fahren wir zum *Ershad*: Das Ministerium für Kultur und islamische Führung ist für ausländische Journalisten zuständig. Formulare ausfüllen, ein Kopftuchfoto machen lassen, auf den Presseausweis warten. Dann, der Vormittag nähert sich schon bedrohlich seinem Ende, zu einer staatsnahen Agentur, deren »Hilfe« ich für meine Recherche in Anspruch nehmen muss; auch meine Dolmetscherin ist hier unter Vertrag, zu ihrem Schutz.

Für Kriegsreporter haben westliche Staaten, voran die USA, den *embedded journalism* erfunden: die Journalisten sind »eingebettet« in eine Militäreinheit der eigenen Seite, genießen deren Schutz und unterwerfen sich einer gewissen Zensur. In Iran bin ich gleichfalls *embedded*, allerdings beim iranischen Staat; sein verlängerter Arm ist meine Dolmetscherin: Sie erinnert mich manchmal mitten in einem Interview an die roten Linien, deren Übertretung auch sie gefährden würde. Die wichtigste rote Linie ist die Stellung des Revolutionsführers sowie das Prinzip der Herrschaft der Rechtsgelehrten, auf dem die fast schrankenlose Macht des Revolutionsführers basiert.

Die Einschränkung meiner journalistischen Bewegungsfreiheit zeigt ein freundliches Gesicht. Die Damen und Herren, mit denen ich es im Ministerium und bei der Agentur zu tun habe, erwecken stets den Eindruck, alles sei nur in meinem Sinne, geschehe zu meinem Wohle und meinem Schutz. Und falls es sich zu offenkundig anders verhält, dann ringt mein Gegenüber die Hände und signalisiert vage eine kritische Haltung gegenüber der Obrigkeit. Das lässt meinen Ärger ins Leere laufen; stattdessen verstricke ich mich mit meinen Kontrolleuren in einem Gefühl gemeinsamer Machtlosigkeit – als säßen wir auf demselben Ast. So funktionieren Diktaturen.

Für alle Gespräche, die ich führen möchte, muss ich Termine über die staatsnahe Agentur beantragen. Erst ein Fax-Brief der Agentur macht mein Begehren offiziell und legal; wie mein Begehren in dem Brief formuliert wird, darauf habe ich keinen Einfluss. Und in welchem Maße sich die freundlichen Damen und Herren der Agentur überhaupt für meine Wünsche einsetzen, auch das werde ich nie erfahren. Es sei denn, ein Thema verletzt bereits als solches eine rote Linie. Als ich mehr über jene armen Iraner herausfinden wollte, die eine Niere als Transplantationsorgan verkaufen, sagte mir der Chef der Agentur höflich, da könne ich auf seine Hilfe nicht rechnen. Ein Satz, der meine Dolmetscherin zusammen zucken ließ; wenn ich an dem Thema dran bleiben wolle, sagte sie, dann dürfe sie mich nicht begleiten.

Weil Interview-Zusagen generell in einem völlig unübersichtlichen Verfahren eintreffen oder ausbleiben, ist es schwer, die Recherche-Tage durchzuplanen. Dabei ist die Zeit im Land knapp und kostbar, wenn das Visum zum Beispiel nur acht Tage währt. Gleichwohl ist man gezwungen, halbe Tage ohne Termine zu verplempern; alles Wichtige schiebt sich wie eine Bugwelle auf die letzten Stunden zu – und ob das Visum wenigstens um zwei Tage verlängert wird, wenn Entscheidendes noch nicht erledigt ist, auch das wird sich erst im letzten Augenblick erweisen. Während des gesamten Aufenthalts bleibt man so in einem Zustand nervöser Unruhe. Und macht sich vom ersten Moment an rastlos Notizen, hält nebensächliche Details fest, denn es ist ja ungewiss, in welchem Stadium der Recherche man das Land verlassen muss – und welche Geschichte sich dann erzählen lässt.

Ein Nebeneffekt: Iran-Recherchen sind unnötig teuer. An manchen Tagen hat man nur einen einzigen Gesprächstermin, trotzdem ist ein Tagessatz von 150 US-Dollar für die Agentur fällig; nur die Hälfte davon bekommt die Dolmetscherin. Und obwohl man sich jedes Mal vornimmt, mehr außerhalb der Hauptstadt zu recherchieren, bleibt man ungewollt lange in Teheran kleben: Das ist der Magnetismus des unübersichtlichen Verfahrens. Besuche anderer Städte bedürfen wiederum gesonderter Genehmigungen, alles dauert, und der Tagessatz für die Agentur ist dann noch höher. Ausländische Journalisten sollen eben nicht im Land herumstromern.

Ist es möglich, sich dem Embedded-Sein zu entziehen? Gewiss. Allerdings gefährdet ein ausländischer Reporter dabei seine einheimischen Kontaktpersonen möglicherweise mehr als sich selbst, zumal wenn ein Iraner ohne staatliche Genehmigung dolmetscht. Und beim Schreiben muss man später die Spuren verwischen. Das gilt selbst für kleine, eher belanglose

Alltagssituationen. Ich erinnere mich an Hamid, einen Lehrer; weil Lehrer zu wenig verdienen, war Hamid gerade mit seinem Zweitjob beschäftigt, saß neben seinem Werkzeug auf der Straße, schraubte Kabel und Sicherungen zusammen für eine neue Straßenbeleuchtung. Es waren keine Zuhörer in der Nähe, also lud Hamid mich und meinen inoffiziellen Begleiter umstandslos ein, auf seiner Decke Platz zu nehmen, und begann ein überraschend offenes Gespräch. Weil er in einer anderen Stadt einen Lehrer-Streik angezettelt hatte, durfte er dort nicht mehr unterrichten, hatte umziehen müssen. Hamid sprach gänzlich ungeschützt über seine politischen Frustrationen; der Revolutionsführer müsse weg, sagte er, »wir brauchen ein ganz anderes System. Wir möchten schreien, wir bekommen keine Luft.«

Mein Begleiter hatte mich zu Beginn des Gesprächs vage als Buchautorin vorgestellt. Der Lehrer war ohne Arg, er sagte zum Schluss, das Gespräch habe ihn erleichtert, er gab mir seinen vollen Namen, sogar seine Telefonnummer. Wie viel Vertrauen gegenüber einer ihm völlig unbekannten Ausländerin! Ich anonymisierte später alle Angaben, trotzdem blieb ein Unbehagen. Würde sich der Lehrer nicht später, eingedenk seiner Unvorsichtigkeit, noch wochenlang in schlaflosen Nächten quälen?

Auf der Straße »Stimmen einfangen«, das gehört normalerweise zum Alltag von Auslands-Korrespondenten. Die Äußerungen der Passanten sind natürlich nicht repräsentativ, aber sie helfen dem Journalisten, ein Gefühl für die Stimmungslage im Land zu entwickeln, für die Bandbreite von Meinungen. Wer in Iran dauerhaft akkreditiert ist, braucht selbst für solche schlichten Straßeninterviews eigens eine Genehmigung. Ein Gefühl für die Stimmung im Land entwickeln, das gehört in Iran zu den größten Herausforderungen. Vielen Journalisten gelingt es nicht; die Folge sind schwache Analysen, falsche Prognosen.

Einen Mikrokosmos der Gesellschaft studieren: auch dies kann helfen, ein Gefühl für das Land zu bekommen. Ein winziger Coffeeshop in Teheran; die Stammgäste, niemand über 30, sind wie eine Familie, sie begrüßen und verabschieden einander stets mit einer so übergroßen Herzlichkeit, als herrsche draußen, jenseits der Mauern des kleinen Cafés, ein feindliches Leben, dem sie nur mit Mühe immer wieder heil entrinnen. Und so ähnlich ist es ja auch tatsächlich für die jungen Leute, die hier einen Ort gefunden haben, wo sie ihre Geheimnisse und Sorgen teilen. Die Glasfront des Cafés war zunächst getönt, das wurde nicht genehmigt: Die Scheibe musste klar sein, damit das Treiben drinnen von außen einsehbar ist. Der Besitzer hat dann, als er die Genehmigung schon hatte, Folienstreifen auf das Glas geklebt, so ist die Scheibe in Höhe der Gesichter milchig geworden.

Manchmal kommt eine Mutter in den Coffeeshop; sie ist eingeweiht in die Geheimnisse ihrer Tochter. Die anderen jungen Gäste grüßen sie mit großem Respekt. Mit Familiengeheimnissen hat auch folgende Episode zu tun: Als ich abreiste, konnte ich einige Stammgäste nicht davon abbringen, mir Geschenke zu machen. Ein Pärchen hatte für mich eine Original-Zeichnung mit einem Dichterwort versehen und das Ganze dann mit guten Wünschen signiert; die Zeichnung stammte vom Vater des Mädchens – er selbst hatte allerdings keine Ahnung, dass dieses Pärchen, das mir seine Zeichnung schenkte, überhaupt existierte.

Das Café, wo eine erste Ahnung von den familiären Verhältnissen in der Mittelschicht aufkommt, mag der richtige Ort sein, um sich folgende Frage zu stellen: Wie wäre unser Bild von Iran ohne die staatliche Behinderung journalistischer Arbeit? Niemand weiß es. Aber wir wüssten gewiss mehr davon, wie die iranischen Bauern denken; wir wüssten, ob die Arbeiter, die in etlichen Fabriken streiken, mehr wollen als ihren ausstehenden Lohn. Wir wüssten, warum das Regime immer noch viele Anhänger hat. Und wir wüssten, wie sich die Atmosphäre in Teheran vom Rest des Landes unterscheidet.

Womöglich wäre all dies für das gegenwärtige Regime gar nicht zum Nachteil. Wenn ausländische Reporter im Land frei umher reisen könnten, dann würden ihre Redaktionen zu Hause vielleicht darauf verzichten, Iran vorwiegend in Schwarz-Weiß-Schemata zu zeigen. Nach dem Motto: Regierung gegen Volk.

Als ich im Spätsommer des Jahres 2004 das erste Mal nach Iran fuhr, erlebte ich eine Phase relativer journalistischer Freiheit. Ich hatte ein Visum für drei Wochen bekommen – noch nicht ahnend, wie mühselig Visa-Anträge in den folgenden Jahren sein würden. Die Amtszeit des Reform-Präsidenten Mohamad Khatami näherte sich ihrem Ende; er hatte wenig erreicht, und viele seiner Anhänger flüchteten sich in eine melancholische Frustration. Doch Verabredungen waren noch einigermaßen leicht zu treffen, ich klapperte möglichst viele und möglichst unterschiedliche Iraner ab, fuhr durchs Land, verbrachte einige Zeit bei Familien. Eine Art Grundkurs Iran, von dem ich später zehren konnte.

Teheran überraschte mich durch seine Modernität; es war nicht etwa die Modernität von Waren, Geschäften oder dem sich stauenden Verkehr. Mich überwältigte in den ersten Stunden der Eindruck von Vielfalt, von Individualismus und Zerrissenheit. Ganz im Gegensatz zum monochromen Bild eines »Gottesstaats« handelte es sich hier zweifellos um Gesellschaft: ein schwer überschaubares, anstrengendes Puzzle von Verhältnissen, Stimmungen, Lebensgefühlen und Psychosen.

Die Luft war voller Geschimpfe. So schimpft, wer sich in der Mehrheit weiß. Wer ist schuld am schlechten iranischen Fußball? Die Mullahs. Wer ist schuld am Verkehrsstau? Die Mullahs. In einer Bäckerei knetete der Bäcker den Brotteig mit einer aschenden Kippe im Mund; eine Kundin beschwerte sich, da rief der Bäcker: »Es gibt aber auch gar keine Freiheit in diesem Land!«

Verbotenes oder Verpöntes zu tun, war bereits alltäglich geworden, der Regelbruch ein Massenphänomen. Nur die Ängstlichsten verbargen ihre Satellitenschüsseln morgens in der Wohnung, schleppten sie abends wieder auf den Balkon. Zur Vorbereitung einer Feier gehörte die Bestechung der Revolutionswächter, damit sie die Kontrolle vergaßen. Selbstgemachter Rotwein kam zu Hause in Rosenwasser-Flaschen auf den Tisch. Import-Whisky kaufte man beim Obsthändler, jeder im Viertel wusste Bescheid. Ethanol-Alkohol aus der Apotheke, 96prozentig, wurde mit der gleichen Menge Mineralwasser verdünnt, dazu der Saft frischer Limonen, fertig war der iranische Wodka-Lemon.

Soviel Doppelleben. Öffentlicher und privater Raum wirkten wie getrennte Welten, hier und dort galten verschiedene Werte, Normen, Verhaltenserwartungen. Um die Familiengeheimnisse zu wahren, lernten viele Kinder früh das Lügen, lernten zu unterscheiden, was sie in der Schule sagen dürfen, welcher Freundin sie was erzählen dürfen.

Ein Teheraner Mädchengymnasium lud zum Elternnachmittag; ich hatte Glück gehabt und durfte eine Mutter begleiten. Erstaunlicherweise fand niemand die Anwesenheit einer Ausländerin bedenklich, niemand stellte mir Fragen. Es handelte sich um eine Art private Modellschule, sie hieß »Kreativ Denken«. Zu Gast war ein Psychologe; Abdurrazah Kordi arbeitete an einem gleichfalls privaten Beratungszentrum, er erläuterte den Eltern, was das Doppelleben der Erwachsenen in den Seelen der Kinder anrichtet. »Wir verkörpern keine stabilen Werte«, sagte er. »Die Kinder können sich nicht mit uns identifizieren. Sie wissen nicht, was richtig und was falsch ist. Sie sind deshalb gestresst und leistungsgehemmt.«

Der Familienpsychologe gehörte zu den ganz wenigen in Iran, die wissenschaftlich ergründen, was diese erstarrte Islamische Republik aus den Menschen macht. »Paradoxe Identitäten«, diagnostizierte er, sprach von »Zwei-Sein«, von »Doppelcharakteren«. Mehr als eine Milliarde Schmerztabletten schluckten die Iraner pro Jahr, viele Frauen würden depressiv. Nach dem Vortrag brach es aus einem Vater heraus: »Unser Land ist ein Monolog-Land! Die eine Seite redet, die andere muss zuhören. Unsere Kinder müssen lernen zu reden. Wir müssen jedes Kind einmal in der Woche vorne hinstellen und ihm sagen: Rede! Rede!!«

Der iranischen Gesellschaft seien »multiple Persönlichkeiten« zur zweiten Natur geworden, las ich bei der Soziologin Masserat Amir-Ebrahimi. »Für viele Jugendliche ist die Hauptfrage heute: Wer bin ich?« Sie fänden nur Spiegel, die ihnen ein Zerrbild zurückwerfen. Das Bedürfnis, sich mit etwas zu identifizieren, würde einige Jahre später, im Juni 2009, dem Reform-Kandidaten Mir Hussein Mussawi zugute kommen, würde der Grünen Demokratie-Bewegung das Feuer jugendlicher Hoffnungen verleihen.

Ich kannte andere Metropolen der islamischen Welt; deshalb fiel mir in Teherans Straßenleben die Abwesenheit spontaner Religiosität auf; selten sah ich eine fromme Geste, jenseits der politisch-religiösen Rituale. Ich machte mich also auf die Suche nach dem Islam in der Islamischen Republik.

Berührend die Begegnung mit der Mutter eines jungen Schwulen; der Kontakt war über Freunde in Deutschland entstanden – in Iran steht auf Homosexualität die Todesstrafe. Meine Dolmetscherin nahm ich vorsichtshalber nicht mit. Ein kleines Apartment in einem Randbezirk Teherans. Von der Wohnungstür fiel der Blick auf eine große Kalligrafie, gold auf schwarz ein kühn geschwungenes Bismillah, im Namen Gottes.

Dem Schriftzug fehlte ein Stück – verfremdete religiöse Kunst. Die Einrichtung der Wohnung war schlicht und modern; so richtet sich eine Frau ein, die nach einer Scheidung mit Mitte 40 ihr Leben neu ordnet. Nilofar war Lehrerin. »Mein Glaube«, sagte sie, »hat mit diesem Staat absolut nichts zu tun. Wir religiösen Iraner sind sehr wütend auf die Regierung, denn sie hat dem Ansehen des Islam so geschadet.«

Vor einiger Zeit hatte ihr der jüngste Sohn gestanden, er sei schwul. Der 18jährige war erstaunt, wie gelassen seine religiöse Mutter reagierte. »Meine Sorge war vor allem, welche Wirkung es auf den Jungen hat, wenn er immer lügen muss, sich immer verstellen muss«, sagte Nilofar. »Ich hatte Angst, aus ihm könnte ein Lügner werden für den Rest seines Lebens.« Über das koranische Verbot der Homosexualität sagte sie: »Gott hat mir einen Verstand gegeben, damit ich selbständig denke. Zur Zeit des Propheten ging es um eine zusätzliche sexuelle Gelegenheit für Heteromännern, nicht um Schwule, die sich lieben.« Unvermittelt begann sie zu weinen. Ihr Mann, sagte sie, habe sie noch kurz vor der Scheidung zum Sex gezwungen. »Ist das nicht ein viel größeres Tabu? Aber dazu sagt der Koran nichts.« Sie zündete sich eine Zigarette an und machte sich am Fenster zu schaffen, um ihr Gesicht vor mir zu verbergen.

Bei Simin Behbahani, der großen alten Dame der oppositionellen Poesie, sah ich zum ersten Mal einen typischen iranischen Salon mit einem unüberschaubaren Bataillon von Sesseln und Stühlen. Solche Salons zeugen nicht nur davon, dass Iraner gern viele Gäste haben. In den Salons werden auch Versammlungen abgehalten, etwa von Feministinnen. Die Behbahani, damals weit über 70, war eine Erscheinung: Das Haar halb weiß, halb pechschwarz, der Lidstrich extravagant, die Ohrringe gewaltig. Weil die Dichterin ihrem Publikum einmal Kusshändchen zuwarf, wurde sie in den Zeitungen als Hure beschimpft. Und nun das Überraschende: Die Frau, die in Irans Öffentlichkeit stets die säkulare Oppositionelle war, trug eine Allah-Kalligrafie an einer Kette um den Hals. »Glaube«, sagte die alte Dame, »wohnt nur im Herzen.«

Nach einer Reihe solcher Begegnungen weiß man, wie wenig die gängigen Klischee-Bilder von Iran taugen. Das gilt auch für die holzschnittartigen Vorstellungen, die manche Exil-Iraner über ihre ehemalige Heimat verbreiten: Weil sie selbst völlig säkular denken, neigen sie dazu, jedwede Berufung auf Religion als verkappte Unterstützung des Regimes zu denunzieren. In den westlichen Medien, gegenüber allem Islamischen ohnehin misstrauisch, finden solche Thesen Anklang. Und wer einen iranischen Namen hat, gilt schnell als »Iran-Experte«, auch wenn er das Land seit Kindertagen nicht mehr betreten hat.

Ohnehin ist man oft erstaunt, wer sich alles zu Iran äußern kann mit einer von den Medien verliehenen Autorität. Wer niemals in den USA war, könnte es kaum zum Amerika-Experten bringen. Anders im Fall der Islamischen Republik: »Manche solcher ›Experten‹ waren nie im Iran«, bestätigt Gareth Smyth, ein früherer Korrespondent der *Financial Times* in Teheran. »Aber sie verstehen es, die Agenda von westlichen Politikern und Medien zu bedienen.«

Im Frühsommer 2009 erlebte ich den Beginn der Grünen Bewegung. Eine Kundgebung im Teheraner Azadi-Stadion: Drei Stunden lang kochte die Halle, sie fasste 14 000 Menschen, gewiss waren es an diesem Nachmittag mehr. Ich stand mit meiner Dolmetscherin in einem Frauenblock, die Hälfte der Halle war den Frauen zugeteilt, vermutlich waren wir in der Mehrheit, denn wir standen bedrohlich eng gequetscht. Es war heiß, erstickend heiß, und die Luft war so verbraucht, dass mir schwindelte.

Viele Frauen hatten sich grellgrüne Tücher übergezogen, ein Meer von Tüchern, Fahnen und Schreien. Sprechchöre fluteten in Wellen durch die Arena; gereimt auf einen Koranvers skandierten Tausende »Nieder mit der Regierung, die die Menschen betrügt! Tod der Diktatur!« Mir stockte der Atem. Wie Fäuste flogen dazu rhythmisch grüne Fähnchen in die Luft, darauf die Zeile eines Dichters: »Ich wünsch' mir einen Menschen«. Das war von Rumi, dem persischen Mystiker und Poeten; mit einer Laterne ging er durch die Stadt, suchte unter den vielen Tumben den raren, den menschlichen Menschen. Die junge gebildete Menge im Stadion verlangte einen menschlichen Staatspräsidenten; einen Präsidenten, der zuhören kann, der ansprechbar ist.

Einige frenetisch auf und ab hüpfende Frauen in meinem Block waren so kostümiert, wie man es bei anderer Gelegenheit auf Fotos von Selbstmord-Attentätern sieht: weiße Kleidung, grellgrüne – islamisch-grün – beschriftete Stirnbänder. Doch diese Iranerinnen hatten keine Sehnsucht nach dem Tod, ganz im Gegenteil, sie feierten gerade das Leben, dafür hatten sie sich ausstaffiert, für einen Augenblick politischen Karnevals. Das Weiß war die Negation des üblicherweise verordneten schwarzen Tuchs der Studentinnen.

So trügerisch kann politische Ästhetik sein, wenn Außenstehende ihren Kontext nicht begreifen.

In der Halle spürte man eine überschäumende Lust, sich für etwas einzusetzen, etwas gut zu finden, und sei es diesen bebrillten alten Mann, den Präsidentschafts-Kandidaten Mir Hussein Mussawi, dessen Name viele Junge gestern noch kaum kannten. Diese Jugend, von der die Soziologin Amir-Ebrahimi meinte, sie fände nur Zerrbilder ihrer selbst, würde sich in der Grünen Bewegung gewissermaßen in ihr eigenes virtuelles Bild verlieben. Technisch versierte junge Iraner nutzten das Internet wie keine Oppositionsbewegung zuvor und platzierten die Grüne Bewegung auf die globalen Bildschirme. Die massive virtuelle Präsenz verführte allerdings auch zur Selbsttäuschung und zur Selbstüberschätzung. Solange die Bewegung begrenzt blieb auf die Mittelschicht, auf Studenten und Intellektuelle, konnte sie keine Wende in Iran herbeiführen.

Ein beträchtlicher Teil der iranischen Gesellschaft bleibt für die westlichen Medien *Terra incognita*. Die Anhänger und Anhängerinnen des Regimes erscheinen nur als gesichtslose Masse; Millionen Menschen gleichen einem fanatisierten Klumpen, der nur in offiziellen Parolen spricht. Wären wir Journalisten ehrlich, dann müssten wir zu Beginn jeden Beitrags sagen, dass wir nur über einen Ausschnitt Irans urteilen können.

Meine Bekanntschaft mit dem 46jährigen Ghasem Zarei beruhte auf einer Zufallsbegegnung. Zarei war ein kräftiger Mann mit sauber gestutztem Vollbart; an den Händen trug er mehrere Ringe, wie es wohlhabende Religiöse öfters tun, und die Art, wie er seine Schultern hielt, hatte etwas latent Militärisches. Ich bat meine Dolmetscherin, ihn zu fragen, ob wir ihn zu Hause besuchen könnten. Zarei überraschte uns beide: Er war einverstanden.

Tatsächlich war Zarei ein ehemaliger Pasdar, ein Revolutionswächter; er hatte für das Regime an vielen Fronten gekämpft. Das herrschende System verteidigte er in einer Weise, die zugleich autoritär und pragmatisch klang: »Wir haben dieses System gewollt, wir haben es aufgebaut, die Revolution hat viel Blut gekostet, jetzt müssen wir auch dazu stehen.« Für mich zählte allein das Ereignis, in das Wohnzimmer einer Familie hineingelassen zu werden, die völlig im geistigen Kosmos des offiziellen Iran lebte. Eine Familie, die sich nur aus den einseitigen Regierungsmedien informierte; »Satellitenfernsehen passt nicht zu unserer Kultur«, sagte Zarei.

Ein großer Salon mit viel Rüschen, ausladenden Landschaftsmalereien und künstlichen Blumensträußen. Zareis Gattin, zwei erwachsene Söhne und zwei große Töchter erwarteten uns hinter üppig beladenen Fruchtschalen; die Anspannung war mit Händen zu greifen. Offensichtlich war Zareis Frau gegen unseren Besuch gewesen; sie fürchtete um die Sicherheit der Familie, wenn der Name der Zareis im Westen bekannt würde. Ihre Angst war nicht gespielt; während das politische Lager, zu dem ihre Familie gehörte, stets als aggressiv portraitiert wird, sah sie sich und ihre Angehörigen als potentielle Opfer.

Wir saßen da wie bei einem Dialogversuch im Kalten Krieg. Meine Dolmetscherin machte pausenlos persischen Höflichkeits-Smalltalk, um die Atmosphäre ein wenig aufzutauen. Später fragte ich nach dem Verhältnis zwischen den Generationen; Zarei fasste sein Klage über Verweichlichung in den Satz: »Es gibt heute Männer, die sich die Augenbrauen zupfen.« Einer seiner Söhne studierte; dass er ein Calvin-Klein-Hemd trug, ging dem Vater schon zu weit. Seltsam, wie schnell kleine Risse deutlich wurden im eben noch hermetischen Milieu dieses Salons.

Nach dem Gespräch begleitet uns Herr Zarei auf die Straße. Er hatte im iranisch-irakischen Krieg gekämpft, und ich wollte mit ihm gemeinsam die Märtyrergräber im Park gegenüber anschauen. Es sind politische Gräber, sie sollen den iranischen Nationalismus und damit das Regime stärken. Neben einer Rollschuhbahn, mitten im Alltag des Wohnviertels, stand eine große moderne Skulptur, darin mit Rosenblättern bedeckte Grabplatten. Es war früher Abend, Frauen saßen schwatzend neben den Gräbern auf Picknick-Decken in mildem Licht. »Man versucht, das Gefühl des Krieges lebendig zu halten«, sagte Zarei. Der Satz stand steif und ein wenig hilflos in dieser abendlichen Atmosphäre, die so wenig Kriegerisches hatte.

Iran ist ein schwieriges Land; das wäre auch so, wenn journalistische Arbeit nicht durch den Staat behindert würde. »Keine andere Gesellschaft der Welt ist so komplex wie unsere.« Das hat Ezatollah Sahabi einmal gesagt, ein mittlerweile verstorbener national-religiöser Dissident. Es klang fast stolz. Die Iraner sind auf vieles stolz, selbst darauf, wie kompliziert sie sind.

Was ist so schwierig? Zunächst die Machtstrukturen und Entscheidungsprozesse; der ständige Konflikt zwischen den diktatorischen und den republikanischen Elementen des Systems. Dann die Rolle der Religion, die sich im politischen und im privaten Raum sehr unterscheidet; dazu die speziell schiitische Ausprägung des Islam, deren liberale Seiten im Westen oft ausgeblendet werden. Die Geistlichkeit hat rasant an politischem Einfluss verloren, während westliche Medien weiterhin vom »Mullah-Regime« und »Gottesstaat« reden. Schließlich das individuelle Verhalten, die Spaltung zwischen draußen und drinnen, zwischen öffentlichem und privatem Raum.

Es ist also leicht, sich zu täuschen – das merkte ich bereits, als ich nach Eindrücken iranischer Armut suchte. Sie waren schwer zu finden. Armut ist in Iran weitaus weniger sichtbar als in vielen anderen Ländern; dabei lassen selbst offizielle Zahlen keinen Zweifel daran, dass viele Iraner in einer äußerst prekären Lage leben. Der Kontrast zwischen drinnen und draußen gilt auch hier: Die Straßenzüge in armen Gegenden wurden staatlich aufgehübscht; auch schämen sich viele Iraner, ihre Armut zu zeigen. Sie hat sich in die Häuser, in die Wohnungen zurückgezogen, wie auch die Wahrheit in anderer Hinsicht.

Mehr als drei Jahrzehnte Islamische Republik haben ein sehr eigenes Universum an Zeichen und Symbolen hinterlassen. Sie zu deuten ist ohne eine Erklärung durch Einheimische oft unmöglich. Im Präsidenten-Wahlkampf 2009 hielten Gehilfen des reformerischen Kandidaten Mussawi auf Veranstaltungen Papierbögen mit seinem Namenszug in Farsi hoch. Warum? Der Schriftzug hat auf den ersten Blick eine große optische Ähnlichkeit mit einem Namenszug, der jedem Iraner vertraut ist: dem von Khomeini (Mussawi war ein Bestandteil von Khomeinis Namen). Der Reformkandidat von 2009 appellierte auf diese Weise an die Iraner, in ihm das Vertraute zu erkennen, Fleisch vom Fleisch der Islamischen Republik.

Tatsächlich war Mussawi zu Khomeinis Zeit Premierminister; später würde er das Erbe Khomeinis und der Revolution für die Grüne Demokratiebewegung reklamieren. Für viele westliche Kommentatoren ist das nur ein bizarrer Widerspruch. Sie nehmen sich nicht die Zeit, die politische Psychologie Irans zu verstehen. Wem zu Khomeini nur »Fatwa Salman Rushdie« einfällt, wird nicht begreifen können, warum die Gründungsfigur der Islamischen Republik heute von ganz verschiedenen Seiten vereinnahmt wird.

Im Wagen eines jungen Taxifahrers baumelte am Innenspiegel eine Metallplakette, wie sie Soldaten im Krieg um den Hals tragen. Statt der Identitätsnummer zeigte sie eine religiöse Kalligrafie. Lag es nicht nahe anzunehmen, dass der Fahrer zu jenen Hundertprozentigen gehörte, die mit rituellen Kriegserinnerungen für einen Pro-Regime-Nationalismus werben? Eine Nachfrage beim Fahrer ergab ein ganz anderes Bild. Der junge Mann erzählte, er erinnere sich schwach an die Bombardierungen während des iranisch-irakischen Kriegs, er sei damals sechs Jahre alt gewesen. »Der Krieg bedeutet mir nichts«, fuhr er fort, »ich bin gegen Krieg. Ich möchte Ruhe.« Die Plakette am Spiegel war für ihn nur ein religiöser Schmuck. Wie leicht hätte man, ohne Nachfrage, irrige Annahmen zu Papier bringen können.

Es gibt in der Betrachtung Irans stets einen Hang zum Extremen. Verdammen oder verklären – dazwischen ist wenig. Und selbst die Abscheu verrät eine eigentümliche Faszination. Lange war das nachrevolutionäre Iran nur eine dunkle Silhouette: unverständlich, unzugänglich, verschleiert, dämonisch. Karikaturen zeigten die Geistlichen als ziegenbärtige, langnäsige, krummfingrige Gestalten, nationalsozialistischen Juden-Darstellungen bedrückend ähnlich.

Sobald in Iran eine Opposition sichtbar ist, wird sie von hiesigen Medien an die Brust gerissen. So war es 2009, als die Grüne Bewegung aufkam. Bei den Anhängern der Demokratie-Bewegung vertraute Konturen, vertraute Ästhetik: Make-up, getönte Haarsträhnen, Handys in schönen Frauenhänden. Und dann noch Facebook, Twitter, YouTube. Hey, das sind *unsere Leute* in Teheran! Ähnlich enthusiastisch die Berichterstattung über eine Welle von sozialen Protesten zum Jahresbeginn 2018 – obwohl diesmal die Aktionsformen so rabiat ausfielen, dass unter anderen politischen Vorzeichen gewiss von »Krawallen« die Rede gewesen wäre.

Ich erinnere mich an ein Radio-Interview, in dem ich iranischen Alltag schildern sollte. Um mit etwas Interessantem zu beginnen, das nicht jeder weiß, sagte ich: »Die Islamische Republik hat für viele Iranerinnen Fortschritte im Bildungsbereich gebracht...« Bevor ich als Beleg die weibliche Mehrheit bei den Studierenden zitieren konnte, hatte mich die Moderatorin schon unterbrochen: »So können wir nicht anfangen!«

Wer über Frauen im Iran spricht, muss mit einer Klage über ihre Unterdrückung beginnen – das ist ein ungeschriebenes Gesetz der Medienwelt. Dabei sind die Bildungsfortschritte iranischer Frauen möglicherweise ein Schlüssel zum Verständnis des Landes: Ohne sie wäre die starke Zivilgesellschaft undenkbar. Und gerade die vielen hoch gebildeten und selbstbewussten

Frauen markieren einen der großen Unterschiede zu den arabischen Gesellschaften der Region.

Anlässlich eines Jahrestages der Revolution von 1979 traf ich für ein *ZEIT*-Dossier Aktivisten und Zeitzeugen von damals. Als Aufmacherbild schlug ich der Redaktion das historische Foto einer Massendemonstration vor, weil man darauf sah, wovon mein Text erzählte: von einer vielfältigen, heterogenen Bewegung, einer echten Volksrevolution. Später hatte sich über alles der übermächtige Schatten von Ayatollah Khomeini gelegt, und der Nachwelt blieb ein irriges, ein ungerechtes Bild von einem großen Freiheitskampf. Die Redaktion entschied sich anders, sie nahm – ein Khomeini-Bild. Damit auch junge Leser gleich wüssten, worum es ging, wurde mir gesagt.

Gleich nach der Veröffentlichung rief mich die iranische Botschaft an und lud mich zu meiner Überraschung zum Essen ein. Dort hatte man sich nämlich sehr über das Khomeini-Bild gefreut.

Erst nachdem Hassan Rohani 2013 ins Präsidentenamt kam, wurde mir erlaubt, als Touristin unbeaufsichtigt und wochenlang kreuz und quer durchs Land zu reisen. Ich machte davon ausgiebig Gebrauch, über viele tausend Kilometer, stets allein, bewaffnet mit einem schmalen Kanon an Persisch. Und erst nachdem ich während des Moharram, dem schiitischen Trauermonat, die religiösen Zeremonien aus nächster Nähe erlebt hatte, mit ihren unterschiedlichen Anmutungen je nach Dorf, Stadt und Region, erst dann hatte ich das Gefühl, der Seele Irans nahe genug gekommen zu sein, um ein Buch zu schreiben. Ein Gesellschaftsportrait, genährt aus dreizehn Jahren Iran-Erfahrungen.

Wer stets nur und fast ausschließlich die autoritären oder fanatischen Seiten eines Landes in den Blick rückt, stärkt – gewollt oder ungewollt – die Annahme, ein *regime change* könne nur von außen erfolgen. Sich den gegenläufigen Kräften zu widmen, der Zivilität, aber auch der Zerrissenheit einer Gesellschaft, vermag vielleicht zu unterstreichen, dass der Kampf um politische Veränderungen nur von innen geführt werden kann. Ich bin zutiefst davon überzeugt, dass es ausschließlich Sache der Iraner ist, ein Modell für ihr Land zu finden – so lange das auch dauern mag. Das Ringen darum zu beobachten, ist atemberaubend.

Breaking News:
Die Welt ist eine Scheibe!

Über globale Trugbilder
und interkulturelle Täuschungen

Gezielte Falschinformationen hat es schon lange vor dem Aufkommen der Sozialen Medien gegeben. Im Englischen ist die *fake news* seit Ende des 19. Jahrhunderts ein Begriff, als sich Irreführungen noch eines Telegraphen bedienten. Im deutschen Sprachgebrauch wurde Fake-News mit der Amtseinführung von Donald Trump heimisch und ebenso wie die Persönlichkeit des US-Präsidenten zunächst zum Gegenstand von Partywitzen. Den intellektuellen Spott löste alsbald eine verbreitete Sorge ab: Was können wir noch glauben? Die Spötter sind ebenso wie die Besorgten jedoch oftmals selbst Opfer einer Täuschung: Wenn sie nämlich annehmen, global inszenierte Desinformation stamme entweder aus dunklen Quellen (Russland!) oder sei vom aufflackernden Irrsinn ihrer Urheber (Trump!) gezeichnet.

Die bis heute erfolgreichste und folgenreichste Fake-News-Kampagne wurde in den Schaltzentralen westlicher Regierungen nüchtern ersonnen und generalstabsmäßig vorbereitet: Die Invasion im Irak im Jahr 2003 gründete sich auf die US-amerikanische Propaganda-Lüge, Saddam Hussein produziere Massenvernichtungswaffen. Zur Aufführung der Lüge diente die Bühne der Vereinten Nationen, und die allermeisten Medien der westlichen Welt spielten mit.

Der Krieg dauerte siebeneinhalb Jahre er verschlang mehr als 700 Milliarden Dollar und kostete, je nach Schätzung, zwischen 150 000 und eine Million Zivilisten das Leben. Sein langfristiges Ergebnis war ein ethnisch zerrissenes, vom Zerfall bedrohtes Land, ein gestärkter Terrorismus, ein destabilisierter Naher Osten. Mit anderen Worten: Ein Desaster ohnegleichen. Und doch gab es gegen diesen Krieg bis zu seinem Ende keinen Aufstand der öffentlichen Meinung. Die westlichen Medien wurden über die Jahre ein wenig kritischer, doch blieb die Kritik zahnlos.

Wenn es Aufgabe der Medien ist, Information und Orientierung zu liefern, so haben sie angesichts dieses großen Kriegs des frühen 21. Jahrhunderts völlig versagt.

Wie kann das sein? Wie kann es geschehen, dass wir im Zeitalter des Internet, rundum vernetzt und rund um die Uhr mit medialen Produkten versorgt, über ein zentrales Weltereignis so schlecht informiert werden?

Jahre nach Kriegsende brachten britische Aktivisten deklassifizierte Dokumente an die Öffentlichkeit, die sie den Behörden mit langem Atem abgerungen hatten. Die Papiere belegten, was stets dementiert worden war: Vor der Invasion gingen im Außenministerium die Manager der Ölfirmen ein und aus; ein *regime change* im Irak lag hochgradig in ihrem Interesse. Und wiederum einige Jahre später, im Sommer 2016, legte eine britische Untersuchungskommission unter dem Vorsitz von Sir John Chilcot, einem altgedienten Beamten, eine zwölfbändige verheerende Bilanz der Invasionspolitik vor.

Wären George W. Bush und Tony Blair afrikanische Potentaten gewesen, hätte man gewiss erwogen, sie in Den Haag der Kriegsverbrechen anzuklagen.

Aber auch in jenem Maße, wie mehr und mehr von der Wahrheit über den Irak-Krieg ans Licht kam, haben die Medien kaum je die Frage nach ihrer eigenen Rolle aufgeworfen: Was hatten sie zum Gelingen einer Lüge beigetragen, mit der immerhin die gesamte internationale Öffentlichkeit wissentlich getäuscht wurde?

Für den britischen Reporter Nick Davies war diese Unfähigkeit zur Selbstkritik der Ausgangspunkt, die Berichterstattung großer Medien auch zu anderen Weltereignissen zu untersuchen. Davies ist ein erfahrener Mann, er kennt das Nachrichtengeschäft seit 30 Jahren, schrieb lange für den *Guardian*; ein preisgekrönter investigativer Journalist. Nun trug er jahrelang Material über das Funktionieren der Branche zusammen, recherchierte hinter den Kulissen der Medienbetriebe, wertete interne Handlungsanweisungen und Email-Kommunikationen aus.

»Je mehr ich mich umsah«, sagt er, »desto mehr fand ich Unwahrheit, Verzerrung und Propaganda.« Früher sei die Pressefreiheit von außerhalb der *Newsrooms* bedroht worden, durch Zensurbehörden und Eigentümer. Heute hingegen werde die Wahrheitsfindung vor allem in den *Newsrooms* selbst verhindert, durch die internen Mechanismen des Gewerbes.

Der Zustand der internationalen Nachrichten-Produktion, geprägt von Konzentration und Rationalisierung, ist unter Experten kaum umstritten. Einige wenige Agenturen, voran Reuters und Associated Press, dominieren den Globus. Ihre verkleinerten Belegschaften müssen mit immer schnellerer Technik ein wachsendes Output schaffen; den Wahrheitsgehalt von Storys zu checken, dafür bleibt wenig Zeit. Zugleich wird der Einfluss politischer und wirtschaftlicher PR immer drängender, immer schwerer zu kontrollieren. Einem wachsenden Heer professioneller Propagandisten und Lobbyisten steht eine schwindende Zahl von Journalisten gegenüber.

Was daraus folgt, für jeden einzelnen Medienkonsumenten, wird selten gesagt, selten so schonungslos beschrieben wie von Nick Davies in seinem Bestseller »Flat Earth News« – die Welt wird zur Scheibe. Schneller als je zuvor, sagt Davies, verbreitet sich heute ein Strom unzuverlässiger Informationen über die News-Websites der Agenturen rund um den Erdball. Industriell gefertigte Nachrichten, Billigproduktionen für einen anspruchslosen globalen Markt: »Die Nachrichtenfabrik zieht Details aus den Storys, schafft Komplexität bei Seite, schneidet den Kontext weg und reduziert alles auf bloße Ereignisse, oft jeglicher Bedeutung entleert.« Das klingt wie aus der Fertigungshalle einer Wurstfabrik. Und tatsächlich werden die Würstchen für verschiedene Kunden nur immer wieder anders verpackt.

Überall dieselbe Auswahl an Storys, dieselben Blickwinkel, oft noch dieselben Zitate, dieselben Fotos: So entsteht der Trend zu einer einzigen Erzählung vom Weltgeschehen. Diese Erzählung sei so fehlerhaft und so manipuliert, sagt Davies, dass sie besser als »eine Massenproduktion von Ignoranz« zu bezeichnen sei. Sein Resümee liest sich wie der Aufschrei eines Verzweifelten: »Wenn man zurücktritt und das Ausmaß all dessen betrachtet: das Eindringen der Unwahrheit tief in unser kollektives Denken; so viel Aktivität basierend auf falschen Voraussetzungen; das Geld, die Zeit, die Energie, die dort hinein geworfen werden; die schiere Verschwendung an Möglichkeiten – dann sieht man eine Verrücktheit, eine Art psychotische Gesellschaft, die begonnen hat, den Kontakt mit der Realität zu verlieren.«

Warum aber gibt es nicht mehr Widerstand gegen diese Entwicklung? Warum leisten sich gerade die reichen Gesellschaften so viel Desinformation? Ein Mediensystem mit zigtausenden von Journalisten, reich an Ressourcen, bestückt mit neuester Technik, verweigert genau jenes Produkt, das es doch liefern soll – Information, Erkenntnis, Orientierung. Wir verarmen uns ohne Not.

Kann es sein, dass geistige Verarmung und materielle Etabliertheit in einem direkten Zusammenhang stehen? Anders gesagt: Wird die Normierung unseres Weltbildes nicht als solche empfunden, weil wir selbst wählen können, auf welchem der hundert Kanäle uns dieses Weltbild erreicht? Der heutige Medienkonsument ähnelt dem europäischen Städtetouristen, der so billig und so variabel wie nie zuvor in alle Hauptstädte des Kontinents fliegen kann, um sodann in deren Fußgängerzonen und Shopping Malls vor nahezu identischen, globalisierten Bekleidungsketten und Coffee Shops zu stehen.

Eine Ideologie der freien Wahl hat sich ausgebreitet, sie verbindet den Bereich der Medien und der Kommunikation mit der Warenwelt. *MySpace, MyPhone, MyWorld, MyMüsli.* Konsum verspricht unbegrenzte Individualität, sogar Singularität – den Besitz von etwas ganz Besonderem, Einzigartigem. »Eigene Insel, eigene Limo«, wirbt ein Brause-Hersteller. Das Etikett, es sei das Eigene, kann ein offenkundiges Massenprodukt in ganz anderem Licht erscheinen lassen. Sogar jene Flipflops, in denen die Armen aller Kontinente durchs Leben laufen, kann man nun als Edelprodukt, *customized,* bekommen. Der Kunde bestellt online eine »Footprintbox«, hinterlässt darin seine Fußabdrücke, zwecks Herstellung eines »Unikats«.

Es ist kein Zufall, dass die Welt zur Scheibe zu werden droht in einer Epoche, wo der mobile, vernetzte, verstöpselte Mensch sich angeblich so viel Identität, soviel Ego, soviel Subjektivität leisten kann wie nie zuvor. *24 hours you,* und die Welt à la carte. Haben wir nicht einen immer präziseren, maßgeschneiderten Zugriff auf das Universum verfügbarer Informationen? Für eine Elite von hochgebildeten, spezialisierten und polyglotten

Internet-Nutzern mag das zutreffen, nicht jedoch für die Masse der Konsumenten.

Die Analyse von einem Tag *Google News* zeigte: Die erste Seite verschaffte den Kunden Zugang zu 14 000 Storys – die allerdings von nur 24 Ereignissen handelten. Uns wird das geboten, was auch alle anderen wollten. Die Tatsache, dass eine Seite hoch am Markt der Nachfrage liegt, bürgt für ihre Wichtigkeit. Ohne dass wir uns dessen bewusst sind, dirigiert die von Google verwendete Software unseren Blick auf die Welt.

Der US-Amerikaner Ethan Zuckerman, Gründer des Blognetzwerkes *Global Voices*, kommt zu folgendem Befund: In den siebziger Jahren beschäftigten sich noch 35 bis 40 Prozent einer US-Nachrichtensendung mit dem Ausland. Heute seien es zwölf bis 15 Prozent. Die Vision, das Internet würde den Blick erweitern, weil viele Menschen nun kostenlos Zeitungen vom anderen Ende der Welt lesen würden, ist gescheitert, sagt Zuckerman. Erhebungen für die 50 größten Nachrichtenseiten in 30 Ländern zeigen, dass die meisten User schlicht auf die einheimischen Nachrichtenseiten gehen, in Großbritannien zum Beispiel zu 95 Prozent.

Zweifellos kann digitale Öffentlichkeit im nationalen Rahmen eine demokratisierende Wirkung haben. Dies trifft auch noch zu, wo es über Ländergrenzen hinweg einen gemeinsamen Sprachraum gibt, wie im Arabischen. Doch die große Masse der User nutzt das Netz nicht für den Fernblick auf neue Horizonte. Ethan Zuckerman, selbst als Forscher und Praktiker in der digitalen Welt zu Hause, vermutet gar, die Generation seiner Eltern und Großeltern habe von den herkömmlichen Medien ein umfassenderes Weltbild vermittelt bekommen als heutige Internet-User.

Verzerrte Darstellungen können sehr unterschiedliche Ursachen haben. Es gibt die großen, wohl orchestrierten Trugbilder, hinter denen politische und ideologische Motive stehen und ganze Apparate zur Fabrikation der Verdummung. Es gibt Irreführungen, die ohne eindeutige politische Absicht entstehen, Produkte der Geschwindigkeits-Hysterie, des Hochmuts, der Nachlässigkeit. Und es gibt interkulturelle Täuschungen, falsche Interpretationen des Geschehens in Kulturen, die wir nicht gut genug kennen. Diese Phänomene auseinander zu halten, hat Sinn – nicht nur für die Analyse, sondern gerade auch für die Praxis. Wer etwas besser machen will, muss wissen, woher das Schlechte kommt.

Doch eines eint diese verschiedenen Sorten von Trugbildern: Sie schwimmen alle in dieselbe Richtung, sie liegen fast immer in der Logik einer großen Erzählung, die sich für die betroffene Weltgegend im weißen, westlichen Bewusstsein festgesetzt hat. Für den einzelnen Journalisten ist es schwer, aus einer solchen Erzählung auszubrechen, wenn sie erst durch vielfaches Wiederholen rund geschliffen worden ist zu einem handlichen Stück Gebrauchs-Wahrheit.

Medienwissenschaftler sprechen von *Framing*: Journalisten beschreiben die Realität innerhalb eines Rahmens, der sich im Laufe der Zeit eher unbewusst etabliert hat. Das Bild innerhalb des Rahmens ist meistens nicht falsch im engen Sinn des Wortes, auch nicht gefälscht, aber es wirkt verfälschend, weil es nur eine sehr verengte Perspektive auf die Realität erlaubt. Und das Fatale ist: Die Mediennutzer bemerken es nicht, auch wenn sie sich für gebildet und kritisch halten. Der ständigen Wiederholung und der Macht der Bilder kann sich niemand entziehen. Ein Fernsehzuschauer, der von einem Land nur Fäuste schüttelnde, bärtige Männer zu sehen bekommt, hält dieses Land naturgemäß für intolerant und bedrohlich.

Oft sind sich die Journalisten des *Framing* selbst gar nicht bewusst. Im Kreislauf der sich selbst bestätigenden Gebrauchswahrheiten sind sie sowohl Treiber als auch Getriebene, Täter wie Opfer. Aufgrund der Umsatzgeschwindigkeit und des Umsatzvolumens von Nachrichten ist auch der Korrespondent vor Ort in großem Maße ein Medien*konsument* auf jenem Gebiet, wo er eigentlich Produzent sein sollte.

Die Ethnologin Andrea Dreßler zeichnet in ihrem Buch »Nachrichtenwelten« eine Weltkarte, auf der sie die 40 Korrespondentenbüros der *ARD*, unabhängig von Landesgrenzen und Ballungsräumen, in einem gleichmäßig gespannten Netz verteilt. Jeder Korrespondent wäre dann für ein Gebiet zuständig, das 16-mal so groß ist wie Deutschland, bewohnt von 161 Millionen Menschen. Die Wirklichkeit sieht zum Beispiel so aus: Das Büro in Singapur berichtet über das Leben von etwa zehn Prozent der Weltbevölkerung, ein Büro in Nahost über 0,17 Prozent.

Es wird immer schneller über immer mehr berichtet, was immer weniger Berichterstatter mit eigenen Augen gesehen haben. Wenn indes an den Schauplätzen jener Krisen und Kriege, die als vorrangig gelten, tatsächlich hunderte oder tausende Berichterstatter vor Ort sind, geschieht etwas Erstaunliches: Die Konkurrenz führt in der Regel nicht zur Vielfalt, sondern im Gegenteil zur Einfalt. Beim Kampf der vielen um die knappen Bildmotive und die kargen Informationen wird *Framing* zum Überlebensprinzip. Wer will den zögerlichen Zeugen interviewen, die friedlichen Demonstranten filmen, wenn die Kollegen daheim in der Zentrale schon den Brandgeruch in der Nase haben?

Bloß einen Konflikt nicht verharmlosen, im Zweifelsfall lieber dramatisieren, damit ist man auf der sicheren Seite. So treibt die Konkurrenz das *Worst-case*-Denken voran und schürt später beim Zuschauer Paranoia. In unseren Nachrichten scheint die Welt sich ständig im Ausnahmezustand zu befinden: weil die Produktionsbedingungen der Nachrichten nichts anderes zulassen.

Sozialwissenschaftler an der Universität Amsterdam werteten für eine Studie aus, wie niederländische Tageszeitungen im Zeitraum von 1991 bis 2015 über Flugzeugabstürze berichteten. Ihr Befund: Während die Zahl derartiger Unglücke in diesem Zeitraum weltweit abnahm, wurde über jedes einzelne ausführlicher und emotionaler berichtet. So entstehe ein verzerrtes Bild der realen Gefahren. Ähnlich ergeht es den Medienkonsumenten in vielen anderen Bereichen: Die sie umgebende Welt scheint immer bedrohlicher zu werden – und an der daraus resultierenden ständigen Beunruhigung nährt sich, wie wir später sehen werden, der rechte Populismus.

Internet und Satellitenfernsehen haben die Bedeutung geografischer Entfernung von Grund auf verändert – aber sind wir deshalb wirklich näher dran am Geschehen? Wissen wir mehr? Oft wird Nähe nur vorgetäuscht: Durch Netz und Satelliten-TV kann ein schreibender Korrespondent, der in Jordanien sitzt, die Folgen eines Erdbebens im Iran so farbig schildern, als wäre er vor Ort. Weinende Angehörige und die Trümmer einer Stadt lassen sich auch vom Fernsehschirm weg beschreiben. Nur: Es sind Informationen aus zweiter Hand, *Framing* ist unvermeidbar.

Eine englischsprachige indische Zeitung zitiert in ihrer Online-Ausgabe einen namenlosen Mann von der Straße zum Kaschmir-Konflikt; es ist ein Rikscha-Fahrer aus Neu-Delhi, willkürlich herausgegriffen. Binnen Stunden radelt unser Rikscha-Fahrer rund um den Globus, nun das indische Volksempfinden repräsentierend. Es ist in Mode gekommen, Berichten derart eine Als-ob-Authentizität zu verleihen. Die Nähe zum Geschehen muss simuliert werden; die reale Distanz erkennen zu lassen, wäre verdächtig – ein Versäumnis, ein professioneller Fehler.

Die Welt werde kleiner; Entfernungen, Grenzen und Herkunft verlören an Bedeutung – das ist ein Textbaustein aus Leitartikeln wie aus Politikerreden. Ein typisch weißes Trugbild: als bedeute mehr Kommunikation mehr Harmonie, während an den Börsen die Spekulation mit Nahrungsmittelpreisen ganze Gesellschaften ins Elend stürzt. Wie in einem traumverlorenen Selbstgespräch versichern die Satten einander, dass Satte und Hungernde immer mehr zusammenrücken.

Tatsächlich verhält es sich eher so: Globalisierende Wahrnehmung ist verflachende, vereinfachende Wahrnehmung. Wir brauchen angeblich gar nicht mehr so viel über die einzelnen Länder, die jeweiligen Kulturen zu wissen – und können trotzdem mitreden. Unsere Sichtweise macht die Länder gleicher als sie sind; wir halten uns ausschließlich an jene begrenzte Zahl von Phänomenen, die wir als ähnlich (wieder-)erkennen.

Wie ist es möglich, dass europäische Journalisten die Grenze in Kaschmir als eine der gefährlichsten der Welt beschreiben, während an den Außengrenzen der Europäischen Union längst viel mehr Menschen sterben? Wie kann es passieren, dass alle westlichen Medien über den Hungerstreik der ukrainischen Oppositionsführerin Julia Timoschenko berichten und fast niemand über den gleichzeitigen Hungerstreik von 1 600 Häftlingen in Palästina?

Für solche krassen Ungleichgewichte gibt es nie allein nur politische Gründe. Eine bekannte Frau mit goldenem Haarkranz eignet sich eher für einen Hype als Massen unbekannter Palästinenser, auch wenn ihr Streik Geschichte schreibt. Aber die internen Medien-Mechanismen wirken wiederum nur in eine bestimmte Richtung: Journalisten folgen, wenn es um die auswärtigen Beziehungen geht, viel zu oft den vorherrschenden ideologischen Prämissen und Denkverboten. Und dass Medien für außenpolitische Ziele, zumal für Kriegseinsätze, direkt instrumentalisiert werden, ist zwar theoretisch bekannt, doch in seinem Ausmaß völlig unterschätzt. Allein die Aufträge an US-amerikanische PR-Agenturen, die in den ex-jugoslawischen

Kriegen zwischen 1991 und 2002 mitmischten, summierten sich auf 12 Millionen Dollar.

Wie wenig unabhängig aber auch authentisch wirkende Vor-Ort-Berichte von der Front sind, davon machen sich die meisten Leser und Zuschauer keine Vorstellung. Am Beispiel Afghanistan:

Weil sich viele Verlage und manche Sender keine teure, eigenständig organisierte Berichterstattung leisten wollen, müssen die Journalisten unter der Obhut von »Y-Reisen«, der Bundeswehr, recherchieren. *Embedded* zu sein, das bedeute bei den Deutschen noch mehr Kontrolle als bei den US-Amerikanern, sagt Matthias Gebauer, Chefreporter von *Spiegel Online*. »Es steht immer ein Presseoffizier neben dem Journalisten. Und in manchen Fernseh-Beiträgen taucht später der O-Ton von Presseoffizieren auf, ohne dass er als solcher gekennzeichnet ist – als spräche ein normaler Soldat.«

Christoph Maria Fröhder, freier Fernsehjournalist und investigativer Krisenreporter, lehnt eine *Embedded*-Recherche prinzipiell ab; denn sobald das Vorgehen der Soldaten Menschenrechte verletze, etwa bei gewaltsamen Hausdurchsuchungen, »wird dir die Kamera zugehalten und drei Leute blocken dich ab«. Fröhder, Jahrgang 1942, ist bekannt für Courage, Unbestechlichkeit und Unabhängigkeit. Wie es jemandem mit einem solchen Image in Afghanistan ergeht, schildert Fröhder so: Er hatte im Auftrag der *ARD* in einem Bergdorf einen Bundeswehr-Einsatz bei einer zivilen Konfliktlösung gedreht; als er dann einen Offizier interviewen wollte, sagte der: »Wir sind vor Ihnen gewarnt worden. Wir sind aufgefordert worden, Ihnen keine Interviews zu geben.«

In anderen Fällen kann es verzerrend wirken, wenn sich Medien auf den bewaffneten Flügel einer Bewegung konzentrieren, weil sie den spannender finden als zivile Proteste. Beim Aufstand gegen den Herrscher Muammar al-Gaddafi in Libyen hatten westliche Medien eine regelrechte Liebesaffäre mit den bewaffneten Rebellen, berichteten *embedded* von deren Pick-ups herunter. Dass die Aufständischen dann aus der Luft durch die NATO unterstützt wurden, erschien den Zuschauern am Fernsehschirm nur logisch. Libyen selbst und der Region würde der militärisch erzwungene schnelle Umsturz allerdings zum Verhängnis werden.

Medienbetriebe kennen in der Regel keine Qualitätskontrolle. Ab und an halten wissenschaftliche Untersuchungen den Medien einen Spiegel vor, doch die Medien-Praktiker nehmen kaum zur Kenntnis, wenn Studien der Berichterstattung etwa zum Islam oder über China Einseitigkeit ankreiden. Die Fähigkeit zur Selbstkritik ist wenig entwickelt; das gilt nicht nur, wie beim Irak-Krieg, für große, globale, gleichsam kollektive Versäumnisse. Selbstkorrektur wird manchmal sogar dann verweigert, wenn ein ganz konkreter Fehler einen ganz konkreten Menschen in Lebensgefahr bringt.

So war es im Fall der Iranerin Neda Soltani. Die dramatische Geschichte dieser Englisch-Dozentin ist die Geschichte eines gestohlenen Gesichts. Ihr Facebook-Foto geht um die Welt als Foto einer Toten: Einer anderen Neda, Neda Agha-Soltan, erschossen im Wahljahr 2009, eine Ikone der Grünen Demokratie-Bewegung. Verzweifelt versucht die Dozentin den Irrtum aufzuklären, während ihr schon der iranische Geheimdienst im Nacken sitzt, doch die großen *Networks* wie *CNN* und *Fox News* reagieren einfach nicht. Andere, wie *Agence France Press*, versprechen, das Foto zu löschen – und publizieren es weiter.

Besonders skrupellos *Voice of America*: Neda Soltani schickt dem US-Auslandssender mit ihrer Beschwerde ein neues Bild, um damit ihre Identität als Lebende zu beweisen. *Voice of America* bringt dieses Bild gleich am nächsten Tag, als »neues exklusives Foto« der Toten. Immer mehr bedroht vom Regime, flieht

Neda Soltani außer Landes, nach Deutschland. Die westlichen Medien, sagt sie, haben ihr altes Leben zerstört. »Das war kein Fehler, sondern Missbrauch, und den Medien war gleichgültig, was mir passieren würde.«

Übrigens hatte Neda Soltani in Iran in einer Weise gelebt, die dem Medien-Iran zufolge gar nicht existiert: eine erfolgreiche junge Institutsdirektorin, nicht verheiratet, nicht politisch engagiert. »Ich hatte ein nettes Leben«, sagt sie, »ich hatte keinen Grund, ins Ausland gehen zu wollen.«

Da ich selbst nie im Herzen einer großen Nachrichtenmaschine gearbeitet habe, kenne ich aus eigener Erfahrung am besten eine dritte Kategorie von Trugbild: Interkulturelle Täuschungen, so nenne ich die Irrtümer am Wegesrand, die Fehler und Falsch-Interpretationen, die Journalisten und anderen professionellen Beobachtern unterlaufen, auch wenn sie subjektiv die besten Absichten hegen. Oft kann man verhindern, dass diese Irrtümer Eingang in das Arbeitsprodukt finden; sie bleiben peinliche Anekdoten und werden rasch verdrängt. Weil die Erinnerung, wie leicht wir straucheln, zu unbequem ist. Und weil sich aus den kleinen Fehltritten schließen lässt, was möglicherweise alles im Großen passiert.

Auf Sansibar hatte ich für eine Fahrt über Land ein Taxi gemietet. In einem Dorf entlang der Strecke hob ein Mann am Straßenrand die Hand, ich glaubte, er bäte um eine Mitfahrgelegenheit und redete auf unseren Fahrer ein, er solle ihn mitnehmen. Der Fahrer hielt tatsächlich an und suchte nervös nach seinen Wagenpapieren. Der Mann mit der erhobenen Hand gehörte zu einem Kontrollposten. Da er keine Uniform trug, hatte ich das nicht bemerkt.

Als ich am nächsten Tag noch einmal an derselben Stelle vorbei kam, war mir auf den ersten Blick klar, dass es sich um eine Kontroll-Situation handelte: Es gab ein Häuschen für die

Posten, und an der Stelle, wo die Fahrzeuge regelmäßig anhalten mussten, hatten sich auffallend viele Straßenhändler niedergelassen. Am Vortag hatte ich das alles nicht bemerkt, weil ich nur zur anderen Seite aus dem Wagen geschaut hatte – und dort traf mein Blick gleich den vermeintlichen Anhalter. Ein typisches Beispiel von *Framing:* Meine Wahrnehmung hatte den Mann aus dem Kontext herausgeschnitten, darum täuschte ich mich völlig über seine Rolle.

Der umgekehrte Fehler unterlief mir im Norden Nigerias. Bei der Begegnung mit einem regionalen König war ich so darauf konzentriert, seine Rolle und seine Umgebung zu erfassen, dass mir ein entscheidendes Detail entging: Der Mann war blind. Gewiss, er trug eine schwarze Brille, aber das hätte eine Sonnenbrille sein können. Das Tischchen vor dem königlichen Liegesessel war mit Essensresten verschmiert; nun ja, afrikanische Nachlässigkeit. Ich war nur auf den Kontext fixiert: Der Mann vermittelte bei Konflikten; hatte er wirklich Einfluss? Dass mein Gesprächspartner blind war, begriff ich erst, als er mich fragte: »Sind Sie alt genug, um Hitler gekannt zu haben?« Eine unvergessliche Frage, in jeder Hinsicht. Der kleine König unterstrich damit seine Weltläufigkeit; er hörte gern Deutsche Welle, in seiner Sprache Haussa.

Ein Grund, warum mir seine Blindheit entgehen konnte, war dieser: In unserer Kultur gibt es keine blinden Autoritätspersonen. Blindsein ist eine Behinderung, unvereinbar mit der Ausübung von Macht und Einfluss. Andere Kulturen sehen das anders; im islamischen Kulturraum, wozu Nordnigeria gehört, ist der blinde Gelehrte durch die Jahrhunderte eine bekannte Gestalt, in Indonesien konnte ein Blinder Präsident werden. All das wusste ich zwar, als ich meinem kleinen König gegenübersaß – doch das Wissen war nicht in meinen Augen.

Ein Beispiel aus Kamerun: Es war Freitagmittag, die Stunde

eines wöchentlichen Rituals in der Stadt Foumban. Der Sultan, eine imposante Erscheinung mit gewaltigem Bauch, ging von seinem Palast zur Moschee, er ging zu Fuß wie ein einfacher Gläubiger. Eine Stunde später, nach dem Gebet, kehrte er zurück mit königlichem Pomp. Jubelnde Paladine schwenkten Vogelfedern, Reitergarden preschten durch den Staub, und Notabeln, die dem König ihre Aufmachung machten, verneigten sich und berührten mit einer kurzen eleganten Bewegung den Boden. Das Bild suggerierte perfekte traditionelle Harmonie – welch eine Täuschung!

Nur bezahlte Paladine und politische Gefolgsleute huldigten dem Sultan, erfuhr ich bei meinen Gesprächen in der Stadt; der Mann war ein hoher Kader der korrupten Regierungspartei und in Foumban bei vielen äußerst unbeliebt. Mich hatte das traditionelle Äußere des Rituals so gefangen genommen, dass ich die Modernität seines Inhalts völlig unterschätzt hatte: eine Image-Produktion zu politischem Zweck.

Natürlich unterlaufen auch anderen kulturell bedingte Irrtümer: nämlich jenen, mit denen wir es zu tun haben. In Papua auf Neuguinea fragte mich ein junger Mann: »Habt ihr in Amerika auch Cola?« Eine Frage wie ein ganzes Buch; es erzählt davon, wie sich globalisierte Märkte und interkulturelle Täuschungen verknoten.

In Tansania fand ich in einer englischen Tageszeitung einen Artikel über Luxussanierungen in Berlin-Kreuzberg, die zur Vertreibung ärmerer Mieter führt. Ob sich ostafrikanische Leser dafür interessieren, sei dahin gestellt: Solche Beiträge werden über internationale Agenturen vertrieben und landen manchmal an den erstaunlichsten Stellen. Bemerkenswert war in diesem Fall das Foto zum Artikel: Die Unterzeile behauptete, es zeige eine gentrifizierte Straße in Kreuzberg, tatsächlich sah man den Berliner Kurfürstendamm mit seinen charakteristischen Louis-Vuitton-Vitrinen. Das Gegenteil von Kreuzberg, alteingesessene Großbürgerlichkeit. Kein Tansanier wird diesen Fehler bemerkt haben; für tansanische Augen sieht jede deutsche Straße wohlhabend aus. Wie oft zeigen unsere Medien wohl Fotos aus Afrika, die nicht zum Text passen – und nur einem durchreisenden Afrikaner fällt das auf?

Irrtümer auf beiden Seiten, doch es gibt kein Pari-Pari der Verzerrung. Ein Großteil der weltweit produzierten und exportierten Zeitungen, Bücher und digitalen Medien kommt immer noch aus Europa und Nordamerika. Was würde passieren, wenn diejenigen, über die wir berichten, irgendwann anfangen, sich zu wehren: gegen die kleinen und großen Irrtümer, gegen Trug und Täuschung. Oder weil sie sich schlicht missbraucht fühlen?

Eine norwegische Reporterin hat diese Erfahrung bereits gemacht. Asne Seierstad, zuvor Kriegsberichterstatterin beim Fernsehen, hatte für ihren dokumentarischen Roman »Der Buchhändler von Kabul« ein halbes Jahr bei einer afghanischen Familie gelebt und deren Alltag geteilt. Die Verhältnisse in der Familie, die sie anfänglich als liberal gereizt hatte, erschienen ihr bald unerträglich rückschrittlich. Das Buch wurde vermutlich deshalb ein großer Erfolg; übersetzt in 41 Sprachen verkaufte es sich international in über einer Million Exemplaren.

Der Mann allerdings, der mit seiner Familie den Stoff für den Roman geliefert hatte, verklagte die Journalistin: Sie habe Details aus dem Familienleben veröffentlicht, die es den Betroffenen unmöglich machten, weiter in Afghanistan zu leben. Ein norwegisches Gericht gab ihm teilweise recht: Asne Seierstad musste an eine der beiden Ehefrauen 15 000 Euro Schadensersatz zahlen, wegen Beschädigung des häuslichen Friedens.

Die Leser ihres Buches hatten geglaubt, die Autorin kenne die afghanische Gesellschaft. Womöglich haben auch sie sich getäuscht.

Islam und Menschenbild

Die Unfähigkeit, den Plural zu denken.
Schwarze Ninjas, weißer Feminismus.
Rücksicht darauf, was anderen heilig ist

Es war später Nachmittag in Sanaa, der Hauptstadt des Jemen, als sich die Frauen zu einer Demonstration aufstellten; alle waren bis zur Wimper verschleiert. Eine Weile warteten sie schweigend, wie eine Wand aus schwarzen Gestalten, dann stieg aus dieser Wand plötzlich ein Schrei auf: *Bismillah,* im Namen Gottes!, das war die Eröffnung, das Luftholen vor dem Eigentlichen. Die Stimmen waren hoch und ein wenig schrill, wie in einem dissonanten Mädchenchor; sie verrieten, wie jung die Demonstrantinnen waren, die nun ihre Parolen und ihren Zorn durch die doppelte Kunststoffgaze der Gesichtsschleier schickten. Ali Abdullah Saleh, Jemens langjähriger Präsident, sollte straffrei davonkommen? Das war nicht hinzunehmen.

»Saleh«, rief der schwarze Chor, »wir schicken Dir diese Botschaft: Wir werden dich kriegen! Wir bringen dich vor Gericht! Das Volk will einen neuen Jemen!« Der Zug setzte sich in Marsch, einige tausend grazile Gestalten. Vorneweg ein kleiner Lautsprecherwagen; die junge Frau am Mikrophon trug Handschuhe, sie verbarg nicht nur ihr Gesicht, sondern sogar ihre Hände.

Welch ein seltsamer *Clash of civilizations*: Internationale Diplomatie, gedeckt auch von Europa, hatte dem jemenitischen Präsidenten eine Amnestie verschafft, die pauschal seine 33 Amtsjahre abdeckte, diverse Kriege im Inneren und einige Massaker inbegriffen. Und diese Jemenitinnen, die der Westen gewöhnlich in modernem Denken und Emanzipation unterrichten möchte, verlangten Recht, Rechenschaft, Strafverfolgung.

Eine Szene aus den Jahren des sogenannten arabischen Frühlings, ein Ausdruck, der mir immer unangemessen erschien – und zwar nicht erst, nachdem die Freiheitsbewegungen gescheitert waren. Im Jemen würde der Umstand, dass Revolution und Erneuerung abgewürgt wurden, den Boden bereiten für einen desaströsen Krieg, den Saudi-Arabien auf dem Boden seines armen Nachbarn führte.

An jenem Tag in Sanaa, als die Luft noch heiter war, begleitete mich ein jemenitischer Fotograf. Er war an den spektakulären Anblick von Demonstrantinnen mit Sehschlitz schon so gewöhnt, dass er meinte, er habe Mühe, noch originelle Motive zu finden. Jemenitinnen im *Niqab,* der Vollverschleierung, hatten massenhaft die öffentliche Bühne betreten; es war der Beginn ihrer politischen Emanzipation, und es war – ob es uns gefällt oder nicht – eine Emanzipation *im* Niqab, nicht vom Niqab.

Muslimische Gesellschaften sind überraschend, komplex, und in einigen Weltgegenden verändern sie sich gerade rasant. Dies ist vermutlich die einzig zulässige Verallgemeinerung, wenn es um das Leben von 1,8 Milliarden Menschen geht, ein Viertel der Weltbevölkerung. 80 Prozent der Muslime sprechen kein Arabisch, Indien beherbergt nach Indonesien und Pakistan die drittgrößte muslimische Gemeinschaft, und in Russland leben mehr Muslime als in manchen arabischen Ländern. Äthiopien und Tansania, für uns christliche Länder, sind fast zur Hälfte muslimisch. 49 Staaten haben eine Mehrheit islamischen Glaubens, 57 sind in der »Organisation für islamische Zusammenarbeit«, und die US-Muslime, bei denen die größte *Diversity* herrscht, haben Vorfahren in 80 Ländern.

Unter den Vorzeichen von Ethnie, Kultur oder Politik ist ein Gespräch über »die islamische Welt« also schlechterdings unmöglich: Es könnten daran nur enzyklopädisch Gebildete teilnehmen. Die einzige Klammer, die alle diese Länder aus unserer Sicht zusammen fügt, ist die Religion – womit wir zugleich behaupten, sie präge diese Gesellschaften mehr als andere. Dies kann sie wiederum nur, wenn sie autoritär daher kommt und wenn die Menschen sich ihr unterwerfen. Um genau dies zu belegen, reduzieren wir die Religion auf einfache, abbildbare Symbolhandlungen. Und welches Bild wäre dafür besser geeignet als das Meer gekrümmter Rücken in der Moschee? Menschen ohne Gesicht, ohne Individualität, ohne Abweichungen. Aus der Vogelperspektive nur ein grafisches Muster. Das ist unser totalisierender Blick auf Muslime.

Der Umgang mit dem Islam ist also von einem doppelten Extrem gekennzeichnet: Eine extrem komplexe und heterogene Materie wird reduziert auf extreme Simplizität. Und zwar nicht etwa in einem Moment der Erregung, sondern über die Dauer von mehr als einem Jahrzehnt – und in diversen, sonst durchaus unterschiedlich funktionierenden europäischen Öffentlichkeiten. Die sogenannte Islam-Kritik verbindet rechte Parteien quer durch den Kontinent, sie schafft Auflage und Quote, sie wird mit Freiheitspreisen geehrt.

Wer in islamischen Ländern unterwegs ist, wer sich ernsthaft mit der Entwicklung muslimischer Gesellschaften beschäftigt, erträgt das Niveau hiesiger Debatten nur schwer. Auf die Gefahr hin, einigen Unrecht zu tun: Aus der sogenannten Islam-Debatte halten sich fast alle heraus, die Ahnung vom

Thema haben. Das gilt für die meisten deutschen Islamwissenschaftler wie für die einschlägig qualifizierten Journalisten (etwa vom »Netzwerk Fachjournalisten islamische Welt«); es gilt auch für eine neue Generation publizistisch tätiger junger Muslime. Sie alle tragen zu einer besseren, einer aufklärenden Öffentlichkeit bei; wer will, kann sich gerade in Deutschland zum Islam bestens informieren. Die Stimmung aber machen die anderen.

Die Vielfalt des Islam zu verneinen, fremde Religiosität zu fürchten, vielleicht sogar Religiosität an sich, das ist gegenwärtig die modischste Weise, die eigene Weltsicht absolut zu setzen. Auf der Suche nach einem Begriff, der die Islamophobie in einem weiteren Kontext erklärlich macht, bin ich auf diesen verfallen: Die Unfähigkeit, den Plural zu denken. Es die Unfähigkeit, sich die Welt als demokratische Addition von Identitäten vorstellen zu können, in der eigenen, heimischen Gesellschaft wie in einer sich entwickelnden polyzentrischen Welt.

Der verbreiteten Sicht, dass ein monolithischer Islam einen wehrlos-heterogenen Westen bedroht, stelle ich ein anderes Denkmodell entgegen. Die westliche Unfähigkeit, den Plural zu denken, trifft heute auf ein muslimisches Gegenüber, das wie nie zuvor mit seiner eigenen Pluralität ringt. Und diese konfrontative Beziehung ist überhaupt nur denkbar durch globale Kommunikation. Der westliche Blick bekommt Macht durch die Dominanz westlicher Medien, während sich die Muslime wiederum durch Internet und Satelliten-Fernsehen ihrer Gemeinsamkeiten wie ihrer Unterschiede noch nie so bewusst waren wie heute.

An jenem Nachmittag in Sanaa, als die Vollverschleierten demonstrierten, lag etwas von all dem in der Luft. Das westliche Medien-Bild reduziert den Jemen auf Al-Qaida, Gewalt und archaische Stammeskultur. Die schwarzen Ninjas setzten dagegen einen Auftritt, der selbst wie ein Experiment wirkte, wie die experimentelle Suche nach einer neuen Rolle. Ermuntert von Bildern aus Kairo und Tunis hatten sie sich gegen ein korruptes Regime erhoben, aber da Sanaa eben nicht Kairo oder Tunis ist, taten sie es auf ihre Weise. Sie achteten die Sitten und brachen sie zugleich; in ihrer Keuschheits-Uniform verkörperten sie die weibliche Unbefleckheit – und verlangten dabei das große Reinemachen im Land.

Für mich zählen die schwarzen Demonstrations-Kolonnen der Jemenitinnen zu den Symbolbildern atemberaubender Umbrüche. Anderen dienen sie zum Beleg für die reaktionäre Handschrift der Religion in diesen Bewegungen, die zum Scheitern verurteilt seien, solange sie den Islam nicht abschüttelten. Auch Linke und Feministinnen vertreten häufig diese Sicht; sie vermögen Fortschritt nur zu erkennen, wenn er ihnen vertraute Konturen hat.

In hiesigen Medien wurden Muslime in den Monaten der Rebellionen erstmals »Bürger« genannt. Das Wort war lange reserviert für westliche, säkulare Zivilität – als gäbe es in islamischen Ländern keine Werte, die den unseren verwandt wären. Dabei hatte es längst vielerorts Kämpfe um Würde und Teilhabe gegeben. Tawakkol Karman, die jemenitische Friedensnobelpreisträgerin von 2011, lernte ich sechs Jahre früher kennen, als sie ihre ersten politischen Schritte machte: Eine junge Journalistin, die für Pressefreiheit kämpfte.

Im Westen wurde sie später als Frauenrechtlerin bezeichnet, doch ihr Erfolg lag gerade darin, dass sie im Jemen nicht so gesehen wurde. Der Einsatz für Frauenrechte gilt in diesem armen Land leicht als »egoistisch«, sagten mir Jemeniten, eben weil es dafür immer Geld aus dem Westen gab. Durch ihre couragierten Proteste gegen die Regierung wurde Tawakkol Karman in wenigen Jahren zu einer Führungsfigur. Um ihre drei Kinder kümmerten sich Verwandte; ihr Mann stand bescheiden im zweiten Glied.

Der neue Respekt vor dem Muslim als Bürger hat sich in den hiesigen Medien nicht allzu lange gehalten. Als der Premierminister des neuen Tunesiens, Hamadi Jebali, nach Deutschland kam, auf faire Wirtschaftsbeziehungen hoffend, wurde er in Überschriften herablassend als »Bittsteller« bezeichnet. Hamadi Jebali hat 16 Jahre im Gefängnis gesessen, davon lange Zeit in Einzelhaft. Die Kerkerjahre eines Islamisten wecken bei uns keinen Respekt: Das ist nicht Bekennende Kirche. Ganz anders die Haltung der Anwältin Radhia Nasraoui, eine der mutigsten Frauen Tunesiens und übrigens Kommunistin; als ich sie fragte, warum sie unter der autoritären Herrschaft von Ben Ali ihr Leben aufs Spiel gesetzt hatte, um Islamisten zu verteidigen, gab sie mir zur Antwort: »Weil es mir egal ist, warum jemand gefoltert wird.«

Journalisten neigen dazu, den Zipfel eines Prozesses, den sie gerade erwischen, für den Zustand an sich zu halten. Und die Geschwindigkeits-Hysterie der Medien erzeugt notwendig falsche Erwartungen gegenüber Umwälzungen, die naturgemäß mehrere Generationen in Anspruch nehmen werden.

In den arabischen Gesellschaften ringen heute zwei große geistig-politische Impulse miteinander. Den ersten Impuls kann man rebellisch nennen: das radikale Verlangen nach Teilhabe und nach einer gerechten Sozialordnung. Der zweite Impuls ist beharrend: der kulturelle Konservatismus in Alltag und Sitten, ein Produkt der Re-Islamisierung in den vergangenen Jahrzehnten.

Diese habituelle Re-Islamisierung wurde von säkularen Diktaturen vorangetrieben, um einen oppositionellen politischen Islam nieder zu halten. Das Ergebnis ist nun, dass Islamisten unterschiedlicher Couleur aus unterschiedlichen Motiven Zustimmung finden. Kompliziert? Gewiss. Aber warum sollten muslimische Gesellschaften weniger kompliziert sein als westliche?

Warum fällt es so schwer, sie mit jener Differenziertheit, Sachkunde und Professionalität zu betrachten, die wir für westliche Gesellschaften – unsere eigene voran – ganz selbstverständlich einfordern?

Örtliche Sittengeschichte, regionale Kultur und die jeweilige Ausprägung des Islam: All dies verschränkt sich in jedem Land anders. Aber weil die Vielfalt und die kulturellen Prägungen ignoriert werden, hat sich im öffentlichen Diskurs eine furchterregende Gewissheit breitgemacht: Beim Thema Islam kann jeder mitreden.

Dies gilt für den Stammtisch ebenso wie für die bildungsbürgerlichen Schichten, in denen die sogenannten Qualitätsmedien konsumiert und produziert werden. Im deutschen Studienrats-Milieu ist ein anti-islamischer Reflex mittlerweile fest installiert; ich nenne dieses Phänomen »gebildete Ignoranz«. Sie äußert sich in einer intellektuellen Überheblichkeit, die auf Sachkenntnis weitgehend verzichtet. Goethe wäre gewiss erschüttert, wenn er in einem bürgerlichen Salon unserer Tage in eine Kopftuch-Diskussion geriete.

Die Medien haben bei all dem eine doppelte Rolle: Sie fungieren als Resonanzboden für anti-islamische Stimmungen, die sie selbst allerdings entscheidend mit erzeugt haben. Gewiss gibt es auch differenzierte Beiträge, viele sogar. Aber ihre Botschaft verhallt – weil eine Endlosschleife von Produktionen zum »Problem Islam« das öffentliche Bewusstsein in einer Weise konditioniert hat, die man ruhig Gehirnwäsche nennen darf.

In Gesprächen erlebe ich häufig folgende Situation: Meine Erfahrungen in muslimischen Ländern werden vehement in Frage gestellt, und zwar mit dem Hinweis, man habe gerade erst dieses und jenes gelesen. Dass man sich gegenüber einer Journalistin dabei auf andere Journalisten beruft, ist den Betreffenden kaum bewusst. Negative Meldungen über Muslime haben eine Art natürliche Autorität, sie geben »Realität« wieder, während ich nur eine Meinung vertrete. Hätte ich vom Nordpol erzählt, würde man mich vermutlich als glaubwürdige Augenzeugin betrachten und mir neugierige Fragen stellen.

Inwieweit sind Journalisten überhaupt für den Islam zuständig? Eigentlich wären sie nur für seine politische Seite zuständig, denn aus theologischen Fragen halten sie sich gewöhnlich heraus, jedenfalls wenn es um das Christentum geht. Anders als das Christentum versteht sich der Islam nicht allein als Heilsplan für den einzelnen Menschen, sondern auch als Konzept für das Funktionieren einer Gemeinschaft. In diesem Sinne bleibt die Grenze zwischen Religion und Politik fließend – und das ist das Einfallstor für einen Journalismus, der sich anmaßt, zugleich über islamische Religion urteilen zu können, ohne etwas von ihr zu wissen und ohne ihre Spiritualität zu verstehen.

Die falsche Verwendung des Ausdrucks *Sharia* ist durch die Medien mittlerweile zur Norm geworden: Als handele es sich um ein kompaktes und natürlich gedrucktes Gesetzbuch (§ 1 Handabhacken, § 2 Kopftuchzwang), dem ein Muslim abschwören muss, um Demokrat zu sein. Wer darauf hinzuweisen wagt, dass Sharia das Gesamt-Kompendium islamischer Normen bedeutet, bei den Gebetsregeln beginnend, sollte zum eigenen Schutz vorsichtshalber den wissenschaftlichen Dienst des Bundestags zitieren: »Die religiösen Vorschriften der Sharia genießen den Schutz der Religionsfreiheit des Grundgesetzes nach Art. 4 GG.«

Längst gibt es auch in Deutschland »shariakonformes Banking«; darin ist das Zinsverbot beibehalten, das früher auch die Christen kannten, und bestimmte Branchen werden vom Investment ausgeschlossen. Betritt Religion jetzt durch die Hintertür die Finanzwelt?!, fragen schlaue Journalisten, die nicht wissen, dass ähnliche Auswahlregeln von Seiten der Methodisten und Quäker am Anfang dessen standen, was heute bei uns als »ethisches Investment« zunehmend populär wird.

Mangelnde Sachkenntnis, immer wieder. Doch das Missverstehen wurzelt tiefer, es wurzelt in einem verengten Menschenbild. Jeder nicht-muslimische Mensch besitzt ganz selbstverständlich mehrfache Identitäten; er kann zugleich Steuerberater, ausgetretener Katholik, geschiedener Ehemann, Rotweinliebhaber, Diabetiker und SPD-Wähler sein. Ein Muslim ist hingegen immer und in erster Linie Muslim. Und wenn er Untergruppen zugeordnet werden soll, dann hat er die Wahl zwischen: orthodoxer, säkularer, moderater, fanatischer Muslim. Kaum vorstellbar, dass sich auch in ihm unterschiedliche Identitäten auf ganz individuelle Weise übereinander schieben, mit allem, was daraus folgt an Brüchen und Widersprüchen.

Die deutsche Autorin und Philosophin Hilal Sezgin sagt, der Islam-Diskurs lasse keinen Raum »für das Eigenrecht gelebten Lebens.« Das ist ein wichtiges Wort. Ich selbst habe im Laufe der Zeit etwas vom Islam begriffen, weil ich mich ihm von seiner subjektiven Seite her genähert habe, durch die Beobachtung gelebten Muslim-Seins in diversen Gesellschaften. Viele Muslime leben ihre Religion mit einem Augenzwinkern; unerschöpflich scheint der Fundus, unter Berufung auf Gottes Barmherzigkeit, sein erstes Attribut im Islam, Regeln zu umgehen und Kompromisse zu finden.

Für die meisten meiner Kollegen und meiner säkularen Freunde sind Muslime indes eher Gefangene einer religiösen Gefühls- und Geisteswelt, die mit Unterdrückung besser harmoniert als mit Freiheitsdrang. Doch mit seinem Gottesverständnis, seiner Universalität und seinen Gleichheitsidealen ist der Islam keineswegs ein prinzipieller Kontrapunkt zu emanzipatorischem Denken.

Im Mittelpunkt des Glaubens steht ein transzendentes Verständnis von Gott, dessen »Einheit« (*tauhid*) nicht nur eine Absage an die christliche Dreifaltigkeitskonstruktion bedeutet, sondern auch theosophisch verstanden werden kann, als Einheit des Universums. Der Mensch ist davon ein Teil, er hat göttliche Attribute, braucht keine Popen für sein Heil (jedenfalls nicht bei den Sunniten) und liegt nicht von Erbsünde verschmutzt im Staub eines irdischen Jammertals. Das häufige Gebet soll helfen, dessen gegenwärtig zu sein, sich von kleinlichen Abhängigkeiten zu lösen und – Allahu Akbar, Gott ist größer als alles – innere Freiheit zu gewinnen. So klar, so einfach, so schön ist der Islam.

Doch gleich daneben Enge und Kleingeistigkeit: Wie ein Kind, das sich ständig selbst gefährdet, wird der Gläubige eingehegt von Regeln, umstellt von Verboten. Mit der Erlahmung kreativen religiösen Denkens im Laufe der Jahrhunderte wirkte die Religion immer mehr wie eine Anleitung zur Unmündigkeit. So entstand das Bild vom Muslim als unfreiem Menschen: der sich keine Entscheidungsfreiheit zubilligt, kein Selfmanagement zutraut; der nicht neben einem Mädchen sitzen darf, weil ihn sonst die Begierde übermannt. Ein Mensch, der sich nicht erproben, sich nicht korrigieren kann.

In der jungen Generation arabischer Muslime, aufgeputscht von Gerechtigkeitsidealen und eingesperrt in patriarchale Strukturen, hat dieser Zwiespalt enormen psychischen Sprengstoff produziert.

Während die westliche Öffentlichkeit längst zu wissen glaubt, was Islam bedeutet, wissen viele Muslime das immer weniger. Die globalisierte Kommunikation wirft für sie immer mehr Fragen auf, und dem wachsenden Bedürfnis nach religiöser Orientierung steht eine gleichfalls wachsende Zahl von Antworten gegenüber. Durch Internet, Satelliten-Fernsehen und Telefon-Hotlines ist ein Fatwa-Wildwuchs entstanden; die Urheber dieser Rechtsgutachten sind oft nicht ausreichend qualifiziert. »Wir sind wie mitten in einem Aufruhr«, sagte mir die Vorsitzende des nationalen Frauenrats im Jemen, »jeder ruft etwas anderes, wir wissen nicht, ob wir nach rechts, nach links, vor oder zurück gehen sollen.«

Die Tatsache, dass alle Muslime Richtung Mekka beten, gilt westlichen Beobachtern des Islam bereits als furchteinflößender Beweis von Einheitlichkeit; reziprok beschwören Muslime gern die *Umma*, die globale Gemeinschaft der Gläubigen. Doch deren Heterogenität ist heute so offenkundig wie nie zuvor. Bildung steigt, Geburtenraten sinken, Geschlechterrollen ändern sich. Die Kairoer Universität Al-Azhar, einst tonangebend für Sunniten, ringt darum, sich überhaupt noch Gehör zu verschaffen. Neue Kulte, neue Subkulturen blühen, bei der Jugend in Karachi wie in Dakar, und jahrhundertealte Autoritäten bröckeln, etwa bei den afrikanischen Sufi-Bruderschaften, die nur auf dem Land noch Bindewirkung entfalten. Wie paradox: Ausgerechnet jene Jahrzehnte, in denen der Islam von seinen westlichen Gegnern zur monolithischen, gar faschistischen Ideologie stilisiert wird, markieren eine Ära großer Pluralitäts-Entwicklung.

Manchmal ertragen Muslime ihre eigene Vielfalt nur schwer. Gerade weil der jeweils praktizierte Islam so sehr mit örtlichem Brauchtum durchsetzt ist, neigt jeder dazu, seinen Islam für den »wahren« zu halten. Muslimische Denker haben darauf andere Antworten, aber an der Basis habe ich oft erlebt, dass mir die Behauptung »Es gibt nur einen einzigen Islam« wie ein abwehrender Schild entgegen gehalten wurde. Als sei Vielfalt eine Schwäche, ein Einfallstor für den Westen.

Kaum Zufall, dass der einzige Imam, der sich mir gegenüber mit Verve zur Heterogenität bekannte, ein New Yorker

Afro-Amerikaner war: Für ihn war sein Islam Teil des Westens, und er hatte keine Mühe, einen alten jüdischen Witz auf die Muslime zu beziehen: »Wenn ein Jude sagt: ›Fünf Rabbiner in einem Raum haben sechs Meinungen‹, dann antworte ich: Fünf Imame können sieben Meinungen haben. Vielfalt ist unsere Stärke.«

Anderswo habe ich oft das Gegenteil solcher Gelassenheit erlebt. Das westliche Islam-Bild ist heute in fast jedem Winkel der Erde angekommen, und damit auch eine konfrontative Beziehung, in die eine Journalistin unweigerlich hineingezogen wird. Allerdings habe ich nur ganz selten Ablehnung erlebt. Gerade weil man mich für ein Sprachrohr westlicher Auffassungen hielt, wurde ich oft überhäuft mit Aufmerksamkeit, mit Erklärungen und bemühten Richtigstellungen. Oft war ich überrascht, wie heftig um meine Anerkennung, um mein Verständnis geworben wurde: Es war ein Werben, das nicht meiner Person galt, sondern einer vermeintlichen Vertreterin »des Westens«.

Meine Reisen durch islamische Länder sind nicht gefährlich, wie oft angenommen wird, sondern eher psychologisch fordernd, weil man sich ständig als Teil eines globalen Gefühls-Wirrwarrs empfindet. Nach muslimischen Ehr- und Moralvorstellungen wird eine allein reisende Journalistin ohnehin viel eher akzeptiert als eine allein reisende Touristin. Dass ich die Beschwerlichkeit der weiten Reise auf mich genommen hätte, um mich vor Ort zu informieren, dafür wurde mir oft ausdrücklich gedankt, von Männern wie von Frauen. Und wildfremde Menschen, die nicht einmal meinen Namen kannten, fühlten sich für meine Sicherheit verantwortlich.

Nach meinen Erfahrungen in 16 islamisch geprägten Ländern halte ich zwei geläufige Stereotype für besonders falsch: Die Gleichsetzung von säkular und demokratisch sowie die Stilisierung der Muslima als Opfer.

Zum Ersten: Die Guten unter den Muslimen sind für uns jene, die möglichst viele Regeln ihrer Religion missachten. Das gilt im Kleinen im Inland (wer Alkohol trinkt, verdient Vertrauen), es gilt im Großen weltweit. Fortschritt bedeutet fortschreitende Säkularisierung, anderes können wir uns nicht vorstellen.

Die meisten engagierten Bürger, die ich während meiner Recherchen kennengelernt habe, waren auf die eine oder andere Weise religiös. Besonders beeindruckend fand ich das dort, wo sich diese Menschen gleichzeitig gegen einen politisierten und missbrauchten Islam von oben, von Seiten ihrer Regime, zur Wehr setzen mussten. Die Inkarnation des gläubigen Muslim ist bei uns ein Mann im Flattergewand, der einen Koran hochhält und unverständliche Verse brabbelt. Und nicht etwa die junge Frau, die von der Universität zu einer Sitzung ihrer Nichtregierungsorganisation geht und dann zu Hause betet. Zugegeben: Das Bild vom Mann im Flattergewand ist leichter einzufangen, und was nicht abbildbar ist, existiert in unserer Islam-Vorstellung nicht.

Nun zu den Frauen. Eine Szene aus der ländlichen Türkei, ein anatolisches Städtchen in flirrender Sommerhitze. Es muss ein wenig nach Mittag gewesen sein, als ich dort ankam. Und ich sah: Es gab zwei Sorten Schatten. Den tiefen, dunklen, kühlen Schatten, den die Mauern der Moschee warfen. Dort saßen die Männer. Und einen lichten, leichten, viel weniger erfrischenden Schatten, den die Bäume warfen. Dort saßen die Frauen. Die Männer reklamierten für sich die Nähe zum Sakralen, und diese Nähe war äußerst komfortabel.

Eine Schlüsselszene; nur für was? Für den Islam? Oder für ein Patriarchat, das sich in allen Kulturen ein religiöses Mäntelchen umzuhängen weiß? Spirituell und rituell gleichberechtigt sind Frauen in keiner Religion, doch unsere Empörung kapriziert sich auf den Islam. Das macht viele Musliminnen argwöhnisch; sie wollen sich nicht in die Rolle von Kronzeuginnen gegen ihren eigenen Glauben drängen lassen.

Nur die Souveränsten können über diese Konfrontation hinwegsehen, so wie Emna Ben Miled, eine tunesische Frauenforscherin und Feministin. Zum Gespräch hatte sie ihr jüngstes Buch mitgebracht, eine kulturhistorische Studie über »Die biblischen Wurzeln des Schleiers«. Vom Judentum erfunden, vom Christentum weitergetragen, wurde aus dem Tuch im 20. Jahrhundert ein globales Merkmal muslimischer Identität. »Ist das nicht verrückt?« sagte Emna Ben Miled. »Ich will die Gemeinsamkeiten in der Geschichte der Frauen des Mittelmeers zeigen«, fuhr sie fort. »Wir wurden alle unterdrückt, durch die Kirchen, die Synagogen, die Moscheen.«

Einige prominente Feministinnen Europas haben sich der Kampagne gegen den Islam verschrieben. Ich denke, tatsächlicher Feminismus müsste vor allem das Selbstbestimmungsrecht und die Wahlfreiheit der Frau verteidigen – das Recht auf Verhüllung wie das Recht auf Nacktheit. Niemand muss das Kopftuch mögen. Wer es verabscheut, sollte nur nicht vergessen: Die Bibel und nicht etwa der Koran definiert die Bedeckung als Zeichen weiblicher Minderwertigkeit. »Der Mann aber soll das Haupt nicht bedecken, denn er ist Gottes Bild und Abglanz; die Frau aber ist des Mannes Abglanz.« (Korinther, 1, 11)

Und sind die Frauen des Westens tatsächlich so befreit, dass sie zum Modell taugen für den Rest der Welt? Allgegenwärtig die kommerzielle Ausbeutung des weiblichen Körpers, die Pornografisierung der Werbung. Doch der westlichen Frau, die sich durch die Art der Enthüllung dem männlichen Blick unterwirft, wird nicht abgesprochen, ein Individuum zu sein. Anders die Bedeckte: Sie hat weder Beweggründe noch Persönlichkeit.

Wenn das Ziel für alle Frauen ein Leben in Würde ist, dann hätten wir aus der *#MeeToo*-Debatte lernen können, wie dünn das Eis auf unserer Seite ist und wie wenig Anlass wir zur Hybris haben: sexuelle Belästigung, sexuelle Ausbeutung vom deutschen Film-Set bis zum britischen Parlament, und selbst bei humanitären Helfern. Übrigens wurde die *#MeeToo*-Kampagne von einer Afro-Amerikanerin begonnen, ein Jahrzehnt, bevor sie als Kampagne weißer Schauspielerinnen Furore machte.

Im Oman, unter den cremeweißen Beton-Arkaden der Sultan-Qabus-Universität, könnte man für einen Moment denken, es studierte hier keine einzige Frau: Das Erdgeschoss ist der Flur der Männer. Wenn sie sich umschauen, dürfen sie glauben, sie seien die Herren des Wissens. Dabei ist hier unten der Flur der Dummen. Sie werden geschützt durch eine Männerquote. Der obere Flur gehört den Frauen; die Mädchen haben chronisch die besseren Schulnoten. Ohne Männerquote würden ihnen bald beide Flure gehören.

In zahlreichen muslimischen Ländern stellen Frauen bereits die Mehrheit an den Universitäten. Eine Generation bildungshungriger Mädchen drängt nach vorn, verlangt Mitsprache und Teilhabe in Gesellschaft und Erwerbsleben. Es gibt einen bestimmten Typ junger Musliminnen, die ich in verschiedenen Ländern angetroffen habe; ich nenne sie hilfsweise »die Ernsthaften«. Sie treten selbstbewusst auf, ohne Effekthascherei, tragen Kopftuch und wenig Make-up. Oft sind es Frauen diesen Typs, die etwas vorantreiben in ihren Gesellschaften, sie übernehmen Verantwortung, haben Mut. Und sie sind dezidiert muslimisch. Damit passen sie in keines unserer Raster, sind weder unterdrückt noch säkular. Sie sind etwas Eigenes, ein Gewächs ihrer Kultur. Und sie werden die islamischen Länder mehr verändern, als wir uns heute überhaupt vorstellen können.

»Zwischen Tradition und Moderne«, so lautet eine Floskel, die in journalistischen Beschreibungen muslimischer Gesellschaften selten fehlt (auch mir ist sie manchmal unterlaufen); ein Auslöser für vorgefertigte Assoziationen und Werturteile. Modern bedeutet pro-westlich, säkular; traditionell ist Schleier, Unbildung, Frömmigkeit.

Während unsere Ferndiagnose die Dinge in eine Ordnung bringt, die so übersichtlich ist wie ein Verkehrs-Kindergarten, stellen sich für die Bewohner dieser Gesellschaften kompliziertere Fragen. Vor allem diese: Wie verhält sich eine technisch-materielle Moderne zu einer Lebensstil-Moderne? Muss, wer technischen Fortschritt will, auch liberale Sitten nach westlicher Fasson bejahen, mit völliger Kunst- und Meinungsfreiheit?

Beispiel Iran: Die persönlichen Freiheiten sind drastisch eingeschränkt, gleichwohl hat der Iran auf einer Reihe von Feldern, keineswegs nur der Nukleartechnologie, beachtliche wissenschaftliche Leistungen hervorgebracht. Viele Iraner betrachten ihr Land deshalb als fortschrittlich, auch wenn sie mit Regierung und System keineswegs einverstanden sind.

Ähnlich Malaysia. Hiesige Berichte über eine Casting-Show für Imame im malaysischen Fernsehen hatten einen süffisanten Unterton: So solle dem Islam wohl ein modernes Image verpasst werden. Das hat Malaysia kaum nötig. Technische Zukunftsvisionen unter islamischen Vorzeichen sind dort seit Jahrzehnten Regierungsprogramm; für viele Muslime aus industriell wenig entwickelten Ländern ist Malaysia deshalb ein Fixstern. Doch die glitzernden Hochhäuser von Kuala Lumpur oder die Fernsehwettbewerbe in Koran-Rezitation (übrigens mit Frauen) können nicht für alle Zeiten vom Mangel an Bürgerfreiheiten ablenken.

Nicht zufällig sind die Beziehungen eng zwischen Iran und

Malaysia. Der Fortschrittsbegriff ihrer Regierungen findet sich wiederum auch in einigen nicht-muslimischen asiatischen Nationen. Den Islam im Plural denken, das ist deshalb ein Appell, sich zu verabschieden von den leeren Floskeln, von der Fixierung auf eine vermeintliche Konfrontation zweier Wertsysteme. Das würde den Blick frei dafür machen, wie eine polyzentrische Welt entsteht, von der die islamisch geprägten Länder ein Teil sind, in ganz unterschiedlichen und in wechselnden Rollen.

Als Pakistan von einer großen Flutkatastrophe heimgesucht wurde, warben deutsche Hilfsorganisationen um Spenden, indem sie eine Art Ablasshandel anregten: Wir geben den pakistanischen Muslimen Geld, damit sie nicht fanatisch werden. Die Opfer, die zu jener Zeit wie in biblischen Szenen durch brusthohe Fluten wateten, beladen mit ihren vor Schreck verstummten Kindern, hatten für uns schon das Gesicht künftiger Täter.

Woher rührt dieser Mangel an Empathie? Die übliche Antwort lautet: Weil wir bedroht werden von einem gewalttätigen Islam. Wenn man für einen Moment das Leid, das durch Terrorismus verursacht wird, auf das Quantifizierbare reduziert, nämlich auf Todeszahlen, dann wird offenbar, dass sich Muslime viel eher bedroht fühlen müssten. Denn es sind vor allem Muslime, die sterben – durch Terrorismus wie durch Anti-Terrorismus.

Trotzdem können sich die Muslime nicht aus der Tätergemeinschaft befreien, die ihnen zugedacht ist. Es haftet nicht nur der einzelne Muslim hierzulande für alle Muslime in Deutschland, sondern die deutschen Muslime stehen zugleich in kollektiver Verantwortung für alle von Muslimen weltweit begangenen Verbrechen.

Nur diese umfassend negative Markierung hat es möglich gemacht, dass sich die Integrationsdebatte so anti-muslimisch einfärben konnte. Tatsächliche Integrationsprobleme sind dabei auswechselbare Accessoires; sie können nicht die Wucht der emotionalen Distanzierung erklären. Muslim-Sein ist zu einer ethnischen Kategorie geworden, und ob die Betroffenen einen deutschen Pass haben, ist bedeutungslos gegenüber einem mächtigen Gefühl, das besagt: Muslime sind Fremde.

All dies ist mit den Werkzeugen politisch-rationaler Analyse kaum schlüssig zu erklären; es handelt sich um psychologische Mechanismen, die irrtümlich in den politischen Rubriken von Zeitungen behandelt werden statt in den Beratungszimmern von Therapeuten. Und leider messen viele Medien dem Patienten nicht das Fieber, sondern legen sich zu ihm ins Bett.

Als die Islam-Debatte wieder einmal Wellen schlug, brachte *Der Spiegel* folgenden Titel: »Wer hat den stärkeren Gott?« Die Ironie, die in der Redaktion beim Texten dieser Zeile womöglich empfunden wurde, wird von vielen Menschen nicht geteilt. Solche Zeilen zündeln. Wer sie sich ausdenkt, hält sich selbst vielleicht nicht für entflammbar und hat darum keine Sensoren für die Gefahr. Aber auch die verspielte Pose des Zündelns, das Kokettieren mit der Lunte, ist unverantwortlich. Und vor allem so unnötig.

Rücksichtnahme auf Empfindlichkeiten ist unserem Mediensystem keineswegs fremd. Jeden Tag wird aus vielerlei Gründen, guten wie schlechten, darauf verzichtet, dieses oder jenes an die Öffentlichkeit zu bringen: aus Rücksicht auf mächtige Wirtschaftsinteressen, auf kirchliche Sensibilitäten, auf die Allüren klagefreudiger Stars. Aus Rücksicht auf die religiöse Überzeugung anderer etwas *nicht* zu bringen, wäre kein singulärer Akt von Selbstzensur.

Sind hingegen ein Artikel oder eine Zeichnung, wie geschmacklos auch immer, erst einmal gedruckt und werden dann rabiat angefeindet, bekommt die Angelegenheit eine verhängnisvolle Dynamik. Denn natürlich darf sich eine Zeitung nicht durch Androhung von Gewalt vorschreiben lassen, was sie bringen darf. Sie ist aber sehr wohl souverän genug, vorher zu entscheiden, ob sie Entspannung oder Krieg zwischen Religionen und Kulturen fördern will.

Ausgerechnet Journalisten begreifen manchmal nur schwer, was mediale Globalisierung wirklich bedeutet: ein enorm gestiegenes Potential an Eskalation – und eine gewachsene Verantwortung, die Folgen des eigenen Handelns zu antizipieren. Dazu gehört ein Gespür, was anderen heilig ist.

Der Journalismus des Respekts, für den ich plädiere, soll nicht zahnlos sein. Aber er hätte ein Bewusstsein seiner Begrenztheit. Wenn es um Religion und Lebensweise eines Viertels der Menschheit geht, können Journalisten naturgemäß nur Teilwahrheiten präsentieren, und im günstigen Fall wären die Medien, nach einem Begriff des norwegischen Friedensforschers Johan Galtung, ein »Treffpunkt von Teilwahrheiten«.

Warum wirkt das so entlegen? Weil gerade Medienmachern das Bewusstsein der eigenen Relativität so fremd ist? Nicht nur das. Es zeigt sich gegenüber dem Islam noch ein anderes Phänomen: Wir können es nicht mehr ertragen, etwas nicht zu verstehen. Dieser Gedanken stammt von Stefan Weidner, einem angesehenen Arabisch-Übersetzer; er hat in Worte gekleidet, was bei mir nur Empfindung war.

»Wir sind es gewöhnt, dass uns die Welt als eine durch und durch verstandene präsentiert wird«, sagt Weidner. Die Grenzen unserer Toleranz seien unmittelbar an die Grenzen unseres Verstehens gekoppelt. »Was wir verstehen, können wir dulden und akzeptieren, ›nachvollziehen‹, wie wir sagen. Aber wehe, wir verstehen etwas nicht.« Alles, was sich dem Diktat der unmittelbaren Verständlichkeit und Übersetzbarkeit entziehe und für den medialen Diskurs zu schwierig sei, werde als Affront verstanden.

Eine solche Haltung ist, was den Islam betrifft, geradezu eine Handlungsanweisung für misslingende Kommunikation. Denn der Islam widersetzt sich in vielerlei Hinsicht der Forderung nach ideologischer Eindeutigkeit, und das gilt besonders für den Koran. Über Jahrhunderte haben Muslime mit und in den Ambiguitäten ihrer Religion gelebt. Heute aber treffen sich in der Unfähigkeit den Plural zu denken manchmal zwei erstaunliche Partner: der westliche Mainstream auf der einen Seite, Salafisten und Djihadisten auf der anderen. Letztere geben dem Westen die Eindeutigkeit, die er verlangt: einen radikalen, flachen, medientauglichen Islam.

Und wenn dann wieder irgendwo Männer in Flattergewändern auftreten, mit Koran und Kalaschnikow fuchteln und »Sharia« schreien, dann fühle ich mich manchmal wie zwischen zwei Mühlsteine geraten. Aus der Hand geschlagen die Argumente, aufs Neue bestätigt alle Vorurteile, die man gerade erst entkräftet hatte. Bezogen auf die Lebenswelten von 1,8 Milliarden Menschen sind die Sharia-Schreier ein minoritäres Phänomen. Aber ihre Schreie sind mit dem Donnerhall westlicher Medienresonanz rund um den Erdball zu hören.

Papua: Die anderen Weißen

Annäherung an eine süd-südliche Apartheid.
Über Bürgerrechte, Verachtung und Begehren

Sechs Stunden dauerte mein Flug von einem Teil Indonesiens in den anderen, von der Hauptstadt Jakarta bis nach Neuguinea. Sechs Stunden Flug – wie viele Länder würde man in Europa währenddessen hinter sich lassen?

Die Sicht war klar, und so zog unter mir im Wechsel von Wasser und Land ein Archipel vorbei, dessen Ausmaße kaum fassbar sind. 5 000 Kilometer Luftlinie, drei Zeitzonen, 18 585 Inseln, das ist Indonesien. Und ganz im Osten gehört tatsächlich noch die Hälfte Neuguineas dazu. Das klingt nach Ende der Welt, nach knarrenden Bäumen, Mückengesumm und ereignisloser Stille. Tatsächlich war ich unterwegs zu einem komplizierten und durchaus modernen Konflikt: Zum Ringen um Freiheit und um nationale Einheit, am Ende der Welt.

Aus dem Flugzeug sah ich zunächst nur die gleichmütigen Farben einer tropischen Wildnis. Dunkelgrün der endlose Dschungel, durchzogen von lehmbraunen Flüssen. Kaum Straßen, wenige Städte – auf einem Territorium so groß wie Deutschland, Belgien und Holland zusammen. Und das war nur das halbe Neuguinea. Die Großinsel ist heute noch genauso geteilt, wie es die Kolonialmächte einst verfügten. Wenn man sich eine Landkarte vorstellt, dann ist links die indonesische

Hälfte; dort war holländische Kolonie. Rechts war britische Kolonie (und vor 1914 deutsche), dort ist heute der unabhängige Staat Papua-Neuguinea.

Mich interessierte nur der indonesische Teil. Er war (und ist) Schauplatz eines Dramas, in dem sich die Kolonialgeschichte und die Emanzipationsgeschichte der Dritten Welt miteinander verstricken.

Ohne die Gier der Holländer nach Gewürzen und Einflusssphären wäre jenes riesige, multiethnische Gebilde nie entstanden, das heute Indonesien heißt. Was aber folgt daraus? Muss heute zusammenhalten, was einst mit Gewalt zusammengerafft wurde? Auf die koloniale Vergangenheit war eine neokoloniale Gegenwart gefolgt. Die gleichmütigen Farben der tropischen Wildnis verdeckten, dass dort unten ein Kampf in klassischem Kolorit stattfand: schwarz gegen weiß. Darum war ich gekommen.

Papua, so durfte sich die Provinz neuerdings nennen; das war bereits ein Zugeständnis an die rebellische Stimmung unter den Einheimischen. Im Wort Papua steckt die Andeutung von krausem Haar, die Papuas sind Melanesier, sie wollen sich befreien von den Glatthaarigen, den weißen Indonesiern, die sie als Besatzer empfinden.

Gleich bei der Ankunft im Flughafen fiel mir die Struktur der Arbeitsteilung auf: Unsere Crew, das waren Indonesier; die Papuas durften auftanken. Kurz darauf im Hotel: an der Rezeption ein Indonesier, die Koffer schleppte ein Papua. Süd-südliche Apartheid.

Vor mir lag eine Recherche, die zu meinen schwierigsten zählen würde. Ich war für das Magazin *GEO* unterwegs; der Auftrag: ein Portrait der Provinz Papua. Ich ahnte, was auf mich zukam: ein verdeckter Bürgerkrieg, in dem Papuas mit Pfeil und Bogen gegen die indonesische Armee kämpfen. Ein verwickelter politischer und kultureller Konflikt, der nicht eben einfacher wurde durch den Umstand, dass die meisten Papuas Christen waren (oder getaufte Animisten) und die meisten zugewanderten Indonesier Muslime. Und dazu noch die logistischen Herausforderungen: unwegsames Terrain, Dschungel, ein Universum von zig Sprachen, hohes Malariarisiko.

Wer mit dem Innenleben von Medien nicht vertraut ist, mag sich vorstellen, bei einem großen Magazin würden helfende Hände alles vorab für einen Auslandsreporter organisieren: Man käme also an, fände Hotel, Wagen, Dolmetscher vor und müsste nur noch den Griffel spitzen. Doch die Organisation der Reise hängt ganz an einem selbst, erst recht, wenn man freiberuflich arbeitet. Eigentlich wollte mir die Redaktion einen Papua-erfahrenen US-amerikanischen Fotografen zur Seite zu stellen, einen echten »Brecher«, wie eine Kollegin verriet. Kurz vor der Abreise bekam der Brecher allerdings ein seit Monaten erhofftes Visum für Saudi-Arabien, er musste Papua streichen, und ich fuhr allein. Ein anderer *GEO*-Fotograf würde auf meiner Route später nachreisen.

Die indonesische Regierung in Jakarta fürchtete den Separatismus, sie scheute deshalb Medienöffentlichkeit für die Belange der Papuas und verlangte einen ganzen Strauß von Sondergenehmigungen, um Journalisten abzuschrecken. Mein Pressevisum war nur die Eintrittskarte für das weitere Spiel, erst ging es in Jakarta zum Außenministerium, dann zum Polizeihauptquartier; jedes Mal musste ich alle Orte aufführen, die ich möglicherweise besuchen wollte in dieser riesigen Region, jedes Mal ein Schwung Fotokopien und Passfotos hinterlassen. Schließlich bekam ich einen »*Surat Jalan*«, eine Reiseerlaubnis, von der es hieß, sie müsse an jeder Polizeistation entlang meiner Route in Papua abgestempelt werden! Regierungen sind kreativ, wenn es gilt, unauffälliges Recherchieren unmöglich zu machen. Vor Ort hatten die Beamten später an der Stempelei nur mäßiges Interesse.

Um die Seite der Papuas zu verstehen, war es entscheidend, einen englischsprachigen Dolmetscher aus ihren Reihen zu haben – und ihn zu finden würde nicht leicht sein: Das Bildungsniveau der meisten Papuas ist extrem niedrig; eine Facette ihrer Misere. Ich hatte also vorab eine Menschenrechts-Organisation kontaktiert und um Hilfe gebeten. Die Email aus einem Büro, tausende Kilometer entfernt, klang beruhigend: »Keine Sorge, wir haben jemanden für Sie.« Nun stand ich im Büro dieser Organisation, und es wurde schnell klar: Der Mann, der mir geschrieben hatte, wollte den Job selbst machen, quasi nebenher. In Wirklichkeit hatte er gar keine Zeit, mich zu begleiten; die Sache war also geplatzt.

Es folgten drei Tage voller Nervosität: Abklappern weiterer Nichtregierungsorganisationen, Empfehlungen nachjagend; zwischendurch Termine mit englisch sprechenden Vertretern der kleinen Papua-Elite, damit abends wenigstens ein paar Zeilen im Block standen. An solchen Tagen beginnt sich der Magen zu verkrampfen: Angst zu versagen, die Recherche einfach nicht hin zu kriegen.

Schließlich fand ich Yulius; er war Anfang 30, gab wenig über sich preis. Er wirkte auf mich nicht allzu vertrauenerweckend, aber versprach mir Kontakt zum verborgenen Widerstand der Papuas. Außerdem hatte ich keine Wahl; mir liefen Zeit und Kosten davon. Zunächst waren mit *GEO* nur zwei Wochen vereinbart, später wurden daraus drei.

Yulius mietete ein Auto, wir wollten ins Hochland fahren. Als der Wagen kam, traute ich meinen Augen nicht: Das Fahrzeug war voll bis unters Dach mit einem fröhlichen Dutzend Papua-Männern! Ihr Ziel waren Dörfer im Hochland, entlang unserer Strecke. Was tun? Musste Yulius in dieser Gesellschaft der Männerbünde all seinen Cousins einen kostenlosen Transport verschaffen? Oder hatte er die Plätze schlicht verkauft? Ich würde es niemals herausfinden, und es schien aussichtslos, solche Situationen unter Kontrolle bringen zu wollen. Außerdem war ich mir unsicher: Wo eine Grenze ziehen? Musste ich meine Beifahrer als Teil der Landeskultur akzeptieren – oder wurde ich nur schlicht beschissen?

Vermutlich hätte ich mit lautem Geschimpfe den Beifahrer-Sitz für mich erobern müssen, um meinen Status zu verteidigen. Aber mir fehlte noch das Gespür, wie man in einer solchen Situation durch eine erfüllbare Forderung das Gesicht wahren kann. Den Konflikt scheuend quetschte ich mich demütig auf die Rückbank. Von dort mit dem Fahrer zu kommunizieren war kaum möglich, so sehr lärmte das fröhliche Dutzend, ein laut plärrendes Radio inklusive. Meine Beifahrer ignorierten mich völlig; sie waren bei sich zu Hause.

Das Tal des Baliem-Flusses, das wir durchquerten, hatten Gemüsegärten mit einem Schachbrettmuster von Grüntönen überzogen. Dazwischen winzige Dörfer; Rundhütten standen im Kreis, ihre Grasdächer duckten sich wie Pilzköpfe in die weite Landschaft.

Westliche Ethnologen haben dieses Hochtal lange durchstreift wie ein Museum der Menschheit. Hier fanden sie archaische Lebensweisen und Verhaltensmuster, die anderswo längst verdrängt waren durch technische Moderne und psychologische Sublimierung. Primitives Leben – aber wer definiert die Primitivität? Vor 5 000 Jahren entwickelten die Papuas eine damals hochmoderne Kultur, eine Kultur des Gemüseanbaus, der Bewässerung und der Schweinezucht. In den folgenden Jahrtausenden fanden sie an ihrem Leben wenig veränderungswert. So entstand die Bühne für den heutigen Konflikt: Das Selbstbewusstsein einer archaischen Hochkultur kollidierte mit der indonesischen Verachtung für die nackten Eingeborenen.

Wir hielten an diesem und jenem Fußpfad, unser Wagen leerte sich allmählich, das fröhliche Dutzend meiner Beifahrer verschwand in den Grüntönen. Dann hieß es auch für uns marschieren. Wir wollten nach Ergayam, ein abgelegenes und sehr spezielles Dörfchen: ein Posten der Unabhängigkeitsmiliz. Fünf Stunden liefen wir durch grüne Einsamkeit. Vorneweg Yulius und zwei sogenannte Träger – für meinen kleinen Rucksack völlig überflüssig, aber Yulius hatte sie ungefragt gebucht. Ich musste erst noch lernen, alles explizit zu vereinbaren – auch das, was ich nicht wollte.

Hinter einer Wegbiegung standen plötzlich drei schweigsame Gestalten, sehr aufrecht, sehr ernst, mit Muschelketten und Pfeil und Bogen. Sie hatten auf uns gewartet: Eine barfüßige Ehren-Eskorte für die letzte Stunde Wanderung.

Ergayam war von weitem zu erkennen: zwei kleine Stücke verblichenen Tuchs wehten hoch oben über den Grasdächern, hellblau das eine, die Fahne der Vereinten Nationen; das andere zeigte blau-weiße Streifen und einen weißen Stern in rotem Feld, die Morgensternflagge eines unabhängigen Papua. Der Kommandant des Postens empfing mich mit einer kleinen Formation von Bogenkriegern, die Männer marschierten in ungelenkem Stechschritt und salutierten. Der Kommandant, ein bärtiger Mittdreißiger, trug als einziger Gummistiefel; sie waren sein Rangabzeichen in dieser Miliz der Barfüßigen. Im milchigen Licht des Nachmittags wirkte alles ein wenig irreal, wie abstruse Filmszenen in einem heißen, grünen Irgendwo.

Wir krochen in die Hütte des Kommandanten; im Halbdunkel saßen zwanzig Männer um ein Feuer, an den niedrigen Deckenbalken hing Ruß in dicken Flocken. Die Luft war schwer von Rauch und herbem Schweiß. Ich setzte mich ins getrocknete Gras, eine Begrüßungsrede erwartend, da begannen die Männer unvermittelt zu schluchzen. Das Schluchzen wurde begleitet von einem klagenden Sprechgesang. Der Vorschluchzer wischte ab und an den Schleim aus seiner Nase am Gras des Hüttenbodens ab, dann plötzlich Stille.

Mit diesem rituellen Weinen, wurde mir erklärt, begrüßen die Papuas einen Gast, beziehen ihn ein in ihre kollektive Trauer, in die Erinnerung an eine lange Zeit der Verlassenheit. Viele Jahre hatte es die Außenwelt nicht interessiert, mit welcher Gewalt Indonesien die Papuas unter seine Herrschaft gezwungen hat. Verlassen zu sein, vergessen und verachtet, das war Papuas Trauma.

Nirgendwo anders im indonesischen Inselreich hat die jüngere Geschichte einen so scharfen Widerspruch konturiert zwischen Freiheit und Nationalgedanken. Holland unterzeichnete 1949 nach vier Jahren Kolonialkrieg gegen die junge indonesische Republik endlich eine Unabhängigkeits-Vereinbarung, doch das Territorium auf Neuguinea wurde dabei ausgeschlossen – die Holländer wollten ihre Ölfelder vor Papuas Westküste nicht preisgeben. Sukarno, Indonesiens charismatischer erster Präsident, akzeptierte den Kompromiss nur unter Protest. In der nationalen Logik des jungen Indonesien blieb Holländisch-Neuguinea dreizehn Jahre lang ein Schandfleck auf der Geburtsurkunde der Republik.

Als Sukarno 1963 das Territorium endlich bekam, war es Feindesland: Die Papuas hatten sich schon zuvor einseitig für unabhängig erklärt, hatten auf ein Eingreifen der Vereinten Nationen gehofft; nun fühlten sie sich annektiert und verraten. 1977 wagte die Guerilla dann den Aufstand, mit Pfeil und Bogen. Jakartas Armee antwortete mit Granatwerfern. Auf zigtausende werden Papuas Tote geschätzt, Männer, Frauen, Kinder. Im Baliem-Tal wurden mir später die Friedhöfe gezeigt, unmarkierte Massengräber, verborgen unter Gestrüpp und Kartoffelfeldern. 1998, als der langjährige Diktator Suharto stürzte und ganz Indonesien einen Frühling der Demokratie erlebte, erhob sich in Papua die Hoffnung von Neuem.

Ergayam erzählte von Traum und Trauma, auf karge Weise. Nichts Heroisches lag über diesem Vorposten einer Guerilla, die sich manchmal »Operation Freies Papua« nannte, und manchmal »*Satgas Koteka*«, »Penisköcher-Miliz«. Nicht dass die Männer tatsächlich dieses Ding getragen hätten. Der sogenannte Penisköcher, ein gelblicher Flaschenkürbis, war vielmehr ein politisches Symbol geworden, ein trotziges Bekenntnis zu einer als primitiv verachteten Kultur. Die Missionare, die Papua während der holländischen Kolonialzeit christianisierten, hatten den Penisköcher innig verabscheut; kaum anders hielten es die javanisch-muslimischen Lehrer, die nach Indonesiens Unabhängigkeit in die Provinz kamen.

Alles war von Ergayam fünf Stunden Wanderung entfernt: Telefon, Elektrizität, Nachrichten; es gab nicht einmal Radioempfang. Die Frauen kamen erst bei Anbruch der Dunkelheit zurück, es war Markttag, sie waren die fünf Stunden zweimal gelaufen, Leichtfüßige mit schwerer Last; von der Stirn hing ein Häkelsack aus Pflanzenfaser tief den Rücken hinunter, mit Süßkartoffeln und Gurken, dazu im Tuch ein Kind.

In der halbdunklen Hütte des Kommandanten zündeten die Männer ihre Nelkenzigaretten an der Glut des Feuers an. Sie träumten von Waffen, von richtigen Waffen, um die Indonesier zu vertreiben. Später am Abend würde Jimmy, der Kommandant, auf ein zweites Gespräch mit mir dringen, ohne seine Leute: Ob ich eine deutsche Waffenlieferung vermitteln könnte? Vorher, in der großen Runde, erzählte er von seiner Gefängnishaft, von Elektroschocks. Die Männer hassten Indonesien – und sie formulierten ihren Hass auf Indonesisch.

Bahasa Indonesia, die Lingua franca im Inselreich der vielen Völker, war auch die Verkehrssprache im Papua der vielen Stämme geworden. Eine Million Papuas verteilt sich auf 250 Sprachen.

Jimmy hatte eine Kladde, in der die Kuriere der Guerilla ihre Besuche eintrugen. In der Rubrik Besuchszweck schrieben sie pathetisch: *Merdeka,* Freiheit! Ein halbes Jahrhundert früher, im antikolonialen Kampf gegen die Holländer, war *Merdeka* eine Losung der Einheit: *Merdeka* war die kühne Vision eines Nationalstaats auf 18 585 Inseln. Nun kam der Freiheitsruf wie ein spätes Echo zurück von der Peripherie des Archipels, als Losung des Abschieds, der Trennung.

Was ist vergangen, was weist in die Zukunft?

Meine Bewunderung, mein Respekt für Indonesien brachten mich bei dieser Recherche immer wieder in emotionalen Zwiespalt. Das Land hatte das unmöglich Scheinende geschafft, hatte als Nationalstaat überlebt – mit seiner immensen inneren Vielfalt und seiner geografischen Zerrissenheit. Eine Erfolgsgeschichte, an der Peripherie des Weltinteresses; heute ist Indonesien nach Indien die zweitgrößte Demokratie der Welt. Und doch hier der Sündenfall: Brutale Unterwerfung derer, die partout nicht Indonesier sein wollten. Die Alternative, die in Papua besonders krass, abstrus und exotisch wirkt, stellt sich auch in anderen Weltregionen: Integration, Zusammenhalt der *Diversity,* oder Trennung, ethnische Segregation.

In Ergayam war die ersehnte Freiheit vor allem die Freiheit von fremden Einflüssen. Freiheit schmeckte nach rauchgeschwärzter Süßkartoffel, nach Sago-Fladen und Taro-Wurzel, und beim Reis begann schon das Fremde. Von einer Anhöhe aus zeigte mir der Kommandant mit Genugtuung: Soweit das Auge reichte kein Zeichen moderner Zivilisation, kein Entwicklungsprojekt der verhassten Regierung.

Abends aßen wir ein Schwein. Es wurde unterirdisch, in der Erde, geschmort, das dauerte Stunden; als das Schwein endlich gar war, hatte sich schon Dunkelheit über das stromlose Dorf gesenkt. Wir saßen im Gras, aßen vom Boden, ohne Teller. Ob das, was vor mir lag, essbar war oder Teil des Bodens, konnte ich im flackernden Licht der Holzscheite kaum erkennen. Das Schwein wurde mit den Händen in Stücke gerissen, die Stücke wurden herumgereicht, das Fleisch war rauchig und fett. Es fiel mir schwer, meinen Widerwillen zu überwinden; gleichzeitig beschämte es mich, dass man eigens für mich ein Schwein geschlachtet hatte. Also zupfte ich im Dunkeln zaghaft herum an meinem Stück Fleisch, versuchte möglichst unauffällig kaum zu essen.

Meine Scham war völlig unnötig; ich selbst hätte das Schwein spendiert, informierte mich Yulius später.

Man wies mir einen Schlafplatz in der Frauenhütte zu. Als ich meinen Büstenhalter auszog, kicherten die Frauen leise; niemand trug hier BH. In der Mitte der Hütte brannte ein kleines Feuer; der Rauch sollte die Mücken vertreiben. Aber der Rauch zog auch in die Lungen; die Kinder husteten sich in Schlaf. Wie konnte man so leben? Ich wälzte mich schlaflos auf meiner Matte. Plötzlich überkam mich heftige Sehnsucht nach Büchern – nicht um zu lesen; ich sehnte mich nach der puren, physischen Anwesenheit von Büchern. Wie weit war das nächste Buch entfernt? Mindestens fünf Stunden Fußmarsch; vielleicht eine Tagesreise. Ich empfand die Entfernung wie einen Schmerz.

Die kurze Nacht in der Rundhütte wurde zu einer prägenden Erfahrung, ein Moment intensiver Selbsterkenntnis. Immer wieder suchte ich auf meinen Reisen dieses rauschhafte Gefühl, ganz weit weg zu sein – und was wäre weiter weg von der westlich-nördlichen Zivilisation als eine Rundhütte im Hochland von Papua? Aber nun spürte ich hier mit einer fast körperlichen Intensität, wer ich bin und was mich geprägt hat. Alle Entwicklung, jeglichen Fortschritt zu verweigern, das war mir zutiefst fremd. Die Verweigerung mochte hier eine emanzipatorische Seite haben, trotzdem fand ich die Situation bedrückend. Und das Wort Primitivität, das ich aus meinem Vokabular verbannt hatte, schlich sich hinterrücks in meine Gefühle.

In meiner Reportage für *GEO* bekam diese Nacht später nur einen einzigen, entpersonalisierten Satz: die hustenden Kinder.

Am Morgen machten mir die Männer, wie zur Versöhnung, ein Geschenk. Sie hatten mir Armreifen geflochten aus dunkelbraun changierenden Pflanzenfasern: federleichte Kunstwerke, das Flechtwerk so filigran, als sei es mit Pinzetten gefertigt. Dass Männerhände etwas derart Zierliches herstellen konnten! Die Männer von Papua durchkreuzten ohnehin öfters meine Geschlechter-Stereotype: Sie schmückten sich gern, steckten sich Paradiesvogelfedern ins Haar, bewunderten sich etliche Male am Tag in kleinen Taschenspiegeln. Und sie lachten ein hohes, ansteckendes Frauenlachen. Die federleichten Armreifen würden mich noch lange begleiten; die Pflanzenfasern erwiesen sich als unverwüstlich.

Das morgendliche Geschenk hatte die Melancholie der Nacht vertrieben; es half auch ein wenig gegen den üblen Nachgeschmack von rauchigem Schwein. Wir brachen bald auf zum Rückmarsch. Das Angebot, vorher noch ein bisschen Schwein zu frühstücken, lehnte ich dankend ab.

Später beschenkten mich Frauen in einer anderen Region Papuas: Sie hielten mich für eine Abgesandte der Vereinten Nationen, weil ich nach Menschenrechts-Verletzungen fragte. Obwohl ich immer wieder versicherte, ich wäre nur Journalistin, drängten mir die Frauen sogar einen dicken Papp-Umschlag auf: Post für die UN. Es waren Beschwerden und Berichte. Als europäische Journalistin war ich für diese Frauen schlicht ein Teil der großen Welt »da draußen«; ein Mensch mit Zugang, Zugang zu Bildung, Kontakten, Technik. Ob ich für eine Organisation arbeitete oder für ein Magazin, ob ich aus Berlin kam oder aus New York, das waren vergleichsweise unwesentliche Details.

Ich war nun im Einzugsgebiet von »Freeport«, der reichsten Goldmine der Welt, der drittreichsten Kupfermine, überwiegend in US-Besitz. Um die Ausbeutung der Berge hatte sich seit langem ein Krieg der Kulturen entwickelt. Die ansässigen Papuas waren quasi aus der Steinzeit in die Moderne katapultiert worden, Hubschrauber landeten vor Pilzkopfhütten. Heute war das Pro-Kopf-Einkommen in der Region höher als überall sonst, trotzdem konnten sich die Papuas mit der Mine nicht versöhnen. Gehörten die Berge denn nicht ihnen? Freeport schaffte jährlich Gold und Kupfer im Wert von 1,5 Milliarden Dollar hinaus; die Einheimischen sahen so gut wie keine Entschädigung.

Die Frauen, die mich für eine UN-Gesandte hielten, protestierten gegen all das, indem sie quasi ein längst untergegangenes Leben nachspielten. Auf einer politischen Kundgebung tanzten sie mit blanken Brüsten, wippendem Federnschmuck und kriegerisch wirkender Gesichtsbemalung. Die Tanzenden waren wie tausende andere dem Sog der Mine gefolgt; nun hatten sie die Requisiten ihres modernen Lebens abgelegt, hatten T-Shirts und Büstenhalter ausgezogen, um für die Rechte der indigenen Bevölkerung zu demonstrieren. Ein verstörendes Schauspiel. Die Frauen lebten in einer Region, die als Modell ökonomischer Entwicklung gerühmt wurde, als Papuas Brücke in die Moderne – und nun hielten sie nachgemachte Steinäxte hoch für eine bessere Zukunft.

Unter den Tanzenden irrte eine Geistesgestörte umher, sie hatte sich geschmückt mit einer Schweißerbrille, Ohrenschützern und einem abgeschnittenen Telefonhörer. In die tote Muschel rief sie immer wieder: »Hallo, hallo, Vereinte Nationen? Lebt ihr noch?«

Seltsam: Ich habe in verschiedenen Gesellschaften, die ihre Irren nicht wegsperren, Gestörte gesehen, die einen abgeschnittenen Telefonhörer bei sich trugen. Es muss, kulturübergreifend, darin eine tiefere Symbolik liegen.

Seit meiner Begegnung mit den Frauen in der Minenregion war ich im Besitz eines grell bunten, gehäkelten Sacks, einer Kette mit einem Wildschweinzahn sowie einer Kette aus Kauri-Muscheln. Letztere war nicht besonders schön – dachte ich. Kelly sah das anders. Ich traf Kelly, einen jungen Papua, bei einer Umweltgruppe im Städtchen Sorong, an der nordwestlichen Küste. Kelly war ein überaus freundlicher Kerl, der gern die Schultern rollen ließ, als hätte er zu viel Kraft. Es machte ihm Spaß, mir bei der Organisation meines Aufenthalts zu helfen. Eines Morgens trug ich die Kaurimuschel-Kette über meinem Khaki-Männerhemd, und Kelly fiel vor Begeisterung fast auf die Knie. Ich hielt das erst für Theater, aber Kelly schien auf diese traditionell gefertigte Kette wirklich mit großer Innigkeit zu reagieren; sie war für ihn, den gebildeten Städter, ein Stück authentische Papua-Identität – und dass ich das Ding trug, veränderte seine Beziehung zu mir. Später, beim Essen, fragte Kelly unvermittelt: »Wollen wir…?« und machte dazu ein paar eindeutige Stoßbewegungen unter dem Café-Tisch. Ich sagte: »Nein«, und damit war die Sache erledigt, Kellys Heiterkeit blieb ungetrübt.

Da er mit Sexualität so locker umging, fragte ich ihn nach dem Verhältnis der Papua-Männer zu den weißen indonesischen Frauen. Kelly verbarg einen Moment sein Gesicht in der Armbeuge, als hätte er heimlich vom Honig genascht. Dann erzählte er mir, viele Papua-Männer würden zu den indonesischen Männern sagen: »Euch schmeißen wir raus, aber eure Frauen können bleiben.«

Von Yulius, meinem Dolmetscher im Hochland, hatte ich mich schon vorher verabschiedet. Er hatte mir zu einem wichtigen Teil meiner Reportage verholfen, aber es war mir nicht gelungen, in einen Dialog mit ihm zu kommen, Vertrauen herzustellen. Ich arbeitete nun mit einem »weißen« Dolmetscher, mit dem Indonesier Andreas. Er war mir von einer Agentur empfohlen worden, bei der ich meine Inlandsflüge in Papua buchte. Ich war skeptisch: Jemand, der mit Touristen arbeitet? Doch beim ersten Gespräch merkte ich: Der Mann war ein Glücksgriff. Andreas war 37, klein, drahtig, konzentriert; er lebte seit elf Jahren in Papua und sah das Verhältnis von schwarz und weiß nüchtern und kritisch. Außerdem war er ein Christ aus Sumatra, kein Muslim aus Java, von wo viele Indonesier nach Papua umgesiedelt worden waren. Das alles machte Andreas für Papuas akzeptabler.

Zunächst plante ich ihn nur für meine Recherchen über die indonesische Seite ein, aber bald merkte ich: Er hatte eine gute Art, auf Papuas zuzugehen. Das war für mich auch eine tröstliche Erfahrung: Hautfarbe dominierte nicht alles.

Eines Abends besichtigten wir ein Bordell, zusammen mit einer US-amerikanischen Ärztin und indonesischen Studentinnen; sie waren für eine Anti-Aids-Kampagne aus Jakarta gekommen und wollten sich über den Kenntnisstand der Papua-Prostituierten informieren. Das Rotlichtviertel bestand aus ärmlichsten Bretterbuden auf Stelzen; drinnen ein schmuddeliger Vorhang für die Intimität und ein Kühlschrank für das Bier danach.

Es war dunkel und es regnete wie aus Eimern; durch Pfützen balancierend bewegte sich unser seltsamer Trupp von einer

Stelzenbude zur nächsten: zwei Ausländerinnen, die muslimischen Studentinnen, mit Kopftuch, und eben Andreas. Er lotste uns durch den Abend wie ein geschlechtsneutrales Wesen, fand stets den richtigen Ton, half den Prostituierten über ihre Scheu uns gegenüber hinweg.

Später, nachdem ich mich von den Besucherinnen aus Jakarta verabschiedet hatte, fand ich Andreas in einer Bar. Er war betrunken, hatte eine Papua-Prostituierte auf dem Schoß, befingerte ihre Schenkel. Aus dem geschlechtlosen Wesen war wieder ein Mann geworden.

Andere Indonesier sagten mir über die Frauen von Papua: »Sie sind gut im Bett, aber sie müssen sich oft waschen, weil sie so riechen.« Die sexuellen Beziehungen zwischen Schwarz und Weiß, mit ihren Mustern von Verachtung und Begehren, erinnerten an andere, von Rassismus geprägten Gesellschaften. Vielleicht an Harlem 1961, wie James Baldwin es schilderte.

All das fand später in meiner Reportage keinen Platz. Nicht nur weil in diesem Fall das Thema heikel ist und leicht Missverständnisse provoziert. Vieles, was mir während einer Recherche begegnet, findet niemals einen Weg in den Text – jedenfalls nicht direkt. Oft lasse ich mich bei der Recherche treiben, versuche »mitzuschwimmen« in einem fremden Kontext, mich irgendwie einzufädeln in ein für mich unstrukturiertes Geschehen. Doch ist dieses Schwimmen immer auch ein wenig gesteuert: Meine Reportage musste später alle relevanten Sektoren der Papua-Gesellschaft berühren, auf einer begrenzten Zahl von Schauplätzen.

Mein Aufenthalt in Sorong zum Beispiel, meine Recherche bei den Umweltgruppen über die Zerstörung des Waldes auf der Vogelhalbinsel, das alles wurde später beim Schreiben hinaus geworfen. Sorong war schlicht ein Schauplatz zu viel, und andere waren relevanter.

Ich hatte in Sorong sogar ein Boot gemietet, um den deutschen Biologen und Papua-Kenner Thomas Schultze-Westrum draußen auf einer Insel zu besuchen. Auf dem Boot wurde mir elend übel, so hart schlug der lange Holzkahn gegen die Wellen. Trotzdem kam auch Schultze-Westrum später im Text nicht vor. Aus dem Gespräch mit ihm hatte ich aber unschätzbar viel gelernt; das half mir, Fehler zu vermeiden.

Papua war ein faszinierendes Terrain, weil seine Ausmaße, seine wilde Natur, seine Geschichte und seine gesellschaftliche Komplexität sowohl Abenteuerlust weckten als auch den Verstand herausforderten. Nichts war hier vorgegeben, nichts durchanalysiert, nichts bereits totgeschrieben. Aber mit meiner Vorliebe für derartige Recherchen komme ich eine oder zwei Generationen zu spät: Ein Journalismus, der Unbekanntes – uns Unbekanntes! – erforschen soll, ist im Aussterben begriffen. Neuguinea gehört zu den wenigen Weltgegenden, denen man noch weiße Flecken zugesteht. In Wahrheit ist der Erdball voll weißer Flecke, nur hält der Mainstream-Blick des Westens sie für »bekannt«, weil sie durchkartografiert sind, ethnologisch erfasst und bei *Google Maps* zoombar.

141 Grad östlicher Länge, da fällt von Nord nach Süd eine Staatsgrenze über die Landkarte, 740 Kilometer lang, wie mit dem Lineal gezogen. Nur am Fliegenfluss kräuselt sie sich, folgt einen Moment dem Wasserlauf, als hätten Briten und Holländer mit dem hurtigen Bögelchen beweisen wollen, dass sie irgendetwas wussten über Neuguineas Wildnis, als sie ihre kolonialen Claims absteckten vor 150 Jahren.

Ich flog in einer kleinen Maschine die Grenze entlang; aus der Luft war nicht zu sehen, wo Indonesien endete und wo Papua Niugini begann, der Nachbarstaat, seit 1975 unabhängig. Soweit das Auge reichte derselbe Dschungel, dieselbe Gebirgskette. Eine widernatürliche Linie zerteilte Ethnien und Sprachen.

Diesseits der Grenze tauchte im Flachland ein Stück Straße auf, ein Landeplatz, ein paar alte Wachtürme: *Tanah Merah*, »Rote Erde«. Jedes indonesische Schulkind lernt diesen Namen, er klingt nach Leid und Heldentum. »Rote Erde« war ein Gefangenenlager; in diesen fernsten Winkel des Kolonialreichs verschleppten die Holländer ihre intelligentesten Feinde, die Anführer der jungen Nationalbewegung. In »Rote Erde« sollten sie verrotten, zwischen Schlangen und Malariamücken.

Das Flugzeug landete in Merauke, das ist Indonesiens östlichste Stadt. Merauke: Der Name war das Produkt eines kolonialen Missverständnisses. Als die Holländer Anfang des 20. Jahrhunderts hier landeten, fragten sie einen Fischer: »Wie heißt der Ort?« Der Fischer, weil er ein Fischer war, fand die Flussmündung wichtiger, und so antwortete er: »Maro ke he«, »dies ist der Fluss Maro«. Noch mehr als hundert Jahre später erinnert der Name Merauke an die Hybris jeglicher Kolonisatoren.

In Afrika gibt es viele solcher Namen, von denen sich die Einheimischen verhöhnt fühlen müssen. Und weil die Europäer auch die Landkarten schrieben, haben sich ihre Verballhornungen verewigt. Auf manchen Karten heißt nun auch der Fluss, von dem jener Fischer sprach – Merauke.

Die Stadt: 70 000 Einwohner, 46 Ethnien. Das ist das bunte Farbspektrum von Papua – aber auch die Indonesier, die hierherzogen, unterteilen sich in zehn Volksgruppen. Vielleicht muss man bis zur Ostgrenze dieses extremen Landes reisen, um Indonesien zu verstehen, um den Mechanismus seines multiethnischen Getriebes zu begreifen. Ein Kaleidoskop der Völkerschaften und der Gesichter – aber jeder hat eine Zuordnung, nimmt seine Herkunft stets mit und fragt den Fremden als erstes: *Dari mana*? Woher kommst Du?

Javaner bleiben in Sumatra noch nach Generationen Javaner; ein kraushaariger Ambonese in Papua sieht nur für meine Augen aus wie ein Papua, und wenn Ankömmlinge untereinander gemischt heiraten, gilt bei ihnen als Erfolgsformel, javanische Disziplin zu kombinieren mit dem Draufgängertum der Bugis aus Sulawesi. Ob die Fähigkeit zur ständigen Zuordnung und Abgrenzung Indonesiens Überlebensprinzip ist?

In Meraukes Oberschule Nr. 1 hing in jeder Klasse eine kleine Schiefertafel; Kreideschrift sortierte die Kinder nach Religion. Dritte Klasse: 22 Muslime, 9 Katholiken, 18 Protestanten. So ist es üblich in ganz Indonesien, alle Religionen sind gleichberechtigt – und jeder muss eine haben. Aber auf dieser Tafel in Papua gab es noch eine weitere Sorte Kind: *putra daerah*, »die Kinder der Region«, die Papuas. Es waren nur elf; an Meraukes bester Schule waren die Einheimischen eine bescheidene Minderheit.

In Meraukes Umgebung glitzerten Reisfelder. Man hätte glauben können, dies sei Java, wie gerahmt, mitten in Neuguinea: Frauen mit spitzen Hüten, Wasserbüffel, ländliches Asien. Nur eine halbe Stunde entfernt, auf der anderen Seite von Merauke, war Südsee pur. Endlos der flache Strand bei Ebbe, schwarze Kinder turnten jubelnd über buntbemalte Ausleger-Kanus, Trommelklänge hingen im Abendwind. Der Kontrast machte atemlos. Können Menschen das leben?

Ich dachte an ein Gespräch, das ich ein paar Tage zuvor mit Thaha Alhamid geführt hatte; ein schwarzer Muslim an der Spitze der sonst eher christlich gestimmten Unabhängigkeitsbewegung. »Jeder, der hier geboren ist, kann bleiben und ein Bürger Papuas sein«, sagte er. »Papua wird ein demokratischer Nationalstaat, nicht religiös oder ethnisch definiert.« Eine moderne Nation der vielen Ethnien – hatte so nicht auch Indonesien begonnen? »Ja«, sagte Thaha und lächelte.

Ich fuhr zur Grenze. Sie aus der Luft gesehen zu haben, reichte mir nicht. Ein Nationalpark; Sumpf ging über in Buschlandschaft und Savanne. In grüner Einöde ein letztes Denkmal: Von der Nordspitze Sumatras bis hierhin *Indonesia Raya*, großes Indonesien, ein Inselreich, eine Nation, mit Gottes Segen. Im Gras kaum sichtbar ein Pfad bis zum Grenzstein. Ein einsamer junger Soldat gab mir Geleitschutz, mit seiner Maschinenpistole und seiner Melancholie. Ramli stammte von der Insel Ambon, er war zur Erholung hier, er hatte zu viele Tote gesehen in Ambon, wo sich Christen und Muslime umbrachten, jeder glaubte sich unter Gottes Segen. Nun stand der Soldat im hohen Gras an dieser Grenze, in den Augen Müdigkeit, und auf seinem Barett die Inschrift: Vorwärts, nie zurück.

Ich blieb noch eine Weile im kleinen Posten der Soldaten, ein Dach aus Baumrinde spendete Schatten. Die Soldaten hatten nur Fahrräder, bis zum nächsten Dorf strampelten sie zwei Stunden, barfuß, weil die Stiefel zu heiß waren. Auf dem Rücken das Gewehr, um den Kopf ein rotes Tuch. Sie sahen aus wie Rad fahrende Freischärler.

Zwischen meinem Besuch an der Grenze und dem Schreiben dieser Notizen sind einige Jahre vergangen, doch es hat sich wenig verändert. Die Papuas kämpfen immer noch für ihre Gleichberechtigung; viele glauben, sie könne nur durch Unabhängigkeit erreicht werden. Und Indonesien, der Zentralregierung, ist es immer noch nicht gelungen, eine Brücke zu bauen über den tiefen Graben des Misstrauens.

Abschied am Strand von Merauke. Die Sonne versank in einem Wolkengebirge. Der Blick flog weit über die brettflache Arafurasee. In der Ferne warfen ein paar Gestalten ihre Netze Richtung Horizont. Am Strand kam ein Fischer zu mir. »Neulich war ich in Australien«, sagte er leichthin, und in seinen Augen funkelte die Vorfreude auf meine Überraschung Tatsächlich, sein Boot war abgetrieben worden zu einer der Torres-Strait-Inseln, hinter dem Horizont. Wie Krümel liegen sie im Meer, Reste einer Landbrücke, die Neuguinea und Australien einst zusammenhielt. Über die Landbrücke wanderten die Aborigines, als sie Australien besiedelten vor 50 000 Jahren.

Die Geschichte des Fischers elektrisierte mich, sie regte mich an, in einem neuen Zusammenhang zu denken: Hier die den Papuas aufgezwungene Verbindung nach Westen, mit Asien, dort die zerstörte Verbindung zum Süden. Auf den Torres-Strait-Inseln lebten Melanesier, wie hier in Papua. Was ich erst später erfuhr: Ein Sohn der Torres-Strait-Inseln hatte einen juristischen Sieg erstritten für ganz Schwarz-Australien; ihm wurden die traditionellen Rechte an seinem Land zugesprochen. Zerstört war endlich die Lebenslüge der weißen Siedler, Australien sei bei ihrer Ankunft *Terra Nullis* gewesen, ein menschenleerer Erdteil.

Wie sich die Bilder glichen: Auch Indonesien machte den Fehler, Papua wie eine Terra Nullis zu behandeln.

Erst zwei Jahre später konnte ich dann wirklich zu den Torres-Strait-Inseln reisen. Weil ich nicht mit den Augen Australiens, sondern mit den Augen Papuas auf die *Torres-Strait-Islander* blickte, fand ich Vertrautes: die Gesichtszüge, das Männerlachen, die Mischung aus Black-Power-Stolz und Südsee-Phlegma. Mittlerweile kämpften die Insulaner für ihre Rechte am Meer. Aber das war eine andere Geschichte.

Dekor und Gewalt in Thailand

Dienstbare Exotik, falsche Idylle
und zwei Sorten Mobilität

Jede Möhre wird fein geschnitzt zur Rose. Und selbst das Klopapier aufs Zierlichste plissiert, bevor es dem Touristen mit einer Verneigung überreicht wird. Das ist »unser Thailand«. Ein seltsamer Ausdruck; er kam auf, als sich plötzlich ein ganz anderes Thailand in die Nachrichten drängte, eben ist nicht das Unsrige, sondern ein Dunkles, Fremdes – Unpassendes.

Straßenkampf, Schüsse, Rauch über Bangkok. Eine politische Bewegung der Benachteiligten, vor allem aus Thailands Norden, belagerte über Monate die Hauptstadt. Die deutsche Öffentlichkeit reagierte zunächst indigniert (»Das ist nicht das Thailand, das wir kennen!«) und entwickelte dann eine bemerkenswerte Fähigkeit, die Unruhen kleinzureden. Die Touristengebiete am Meer seien sicher, meldete die *Tagesschau*, während ihr Korrespondent in Bangkok noch die Leichen zählte, als der Aufstand der Armen blutig niedergeschlagen wurde.

So unterschiedlich kann gefühlte Bedrohung sein: Andere Länder verschwinden nach einer einzigen Bombe dauerhaft im Orkus des Bösen. »Unser Thailand« aber hat starke Fürsprecher, und nach den Gründen dafür muss man nicht lange fahnden: Siebenhunderttausend Deutsche fliegen jedes Jahr nach Thailand. Die Tourismus-Industrie und die von ihr alimentierten Medien tun viel dafür, dass Thailand unser »Land des Lächelns« bleibt.

In diesem Trugbild legt sich das Dekor einer feingeschnitzten Ordnung über die reale gesellschaftliche Unordnung. Bei den meisten Ländern funktioniert unser Blick genau umgekehrt: Wir übersehen, wie viel friedliche Geordnetheit es selbst dort geben kann, wo eine Bombe fliegt. Aber vielleicht hängen wir auch gerade deshalb an unserem Thailand: Es erfüllt ein Bedürfnis. In einer Welt, in der das meiste Fremde zunehmend als eine Bedrohung begriffen wird, ist unser Thailand ein Zufluchtsort: die domestizierte, ungefährliche Exotik. Heiter, grazil, servil.

Tatsächlich ist das Land des Lächelns ein Land voller Gewalttätigkeit, gekennzeichnet durch eine extreme Kluft zwischen Arm und Reich und durch eine immer noch feudale Struktur. Bei der Bangkoker Elite konzentriert sich die Hälfte des nationalen Reichtums; diese Schicht hat eine Gesellschaft geprägt, in der organisierte Kriminalität und die Verachtung alles sozial Schwachen fest verankert sind. Gewaltig das Schattenreich einer illegalen Ökonomie, mit Repräsentanten in den höchsten Kreisen. Drogenhandel, Prostitution, Auftragsmorde – Killer sind für wenig Geld zu bekommen, außergerichtliche Tötungen, auch durch Staatsorgane, gehen in die tausende. Umweltschützer leben gefährlich.

»Die Schwachen fliehen vor dem Tiger, um auf das Krokodil zu treffen«, sagt ein thailändisches Sprichwort. Wanderarbeiter und Migranten erleben besonders häufig Thailands gewalttätige Seite. Eine Augenzeugin gab zu Protokoll, wie zwei Polizisten einem burmesischen Jungen solange in die Brust traten, bis er starb; er hatte ihre Fragen in Thai nicht beantwortet.

Im modernen Thailand hat sich viel erhalten von der feudalen Mentalität des alten Siam, einer strikt hierarchischen Gesellschaft, in der jeder seinen genau festgelegten Platz hatte und sogar einen präzise bezifferbaren Wert. Siams Richter beurteilten jedes Vergehen nach einer Tabelle von Würdepunkten: Das Leben eines Rikscha-Fahrers war weniger wert als der kleine Finger eines Prinzen. Ausläufer dieses Denkens markieren heute den Status der Armen.

Wie kann es sein, dass ein Land voll solch rauer Disharmonien von uns als harmonisch und sanft empfunden wird? Jeder deutsche Thailand-Reisende weiß von der Kinder-Prostitution, auch wenn nicht jeder die Lebensumstände kennen kann, unter denen Familien ihre Kinder in Bangkoker Bordelle verkaufen. Thailand ist ein extremes Beispiel dafür, wie wirkmächtig eine einmal eingeschliffene Erzählung ist und wie sie sich ständig selbst ernährt.

Ich selbst habe mich Schritt für Schritt, im Zuge meiner Recherchen, von meinem deutschen Thailand-Bild entfernt. Dazu gehörte die Beschäftigung mit dem Klischee vom sanften Buddhismus, das auf unserem mythischen Thailand-Bild klebt wie die Goldblättchen auf den Buddha-Statuen.

Einige Mönche hatten Gewaltverbrechen begangen, doch das war nur die Spitze des Eisbergs, als ich eine Recherche über die Krise des Buddhismus begann. Die sozialen Verwerfungen und der anschwellende Materialismus hatten schon längst den Buddhismus alter Prägung unterhöhlt. Äbte kauften sich Ordenstitel, unterhielten Geliebte, stiegen in Luxushotels ab, veruntreuten Spenden. Viele junge Mönche waren drogenabhängig. Der Ansehensverlust des staatsnahen Buddhismus saß im Land wie eine schmerzhafte Krankheit. Denn im Bewusstsein vieler Thailänder war der Glaubensvertrag verletzt, auf dem die Wertschätzung der 300 000 Mönche beruht: Indem der Gläubige den tugendhaften Lebenswandel der Mönche und ihre Suche nach Erleuchtung unterstützt, verbessert er sein eigenes Karma. Von der Krise profitierten neue Kulte, die sich anheischig machten, die spirituelle Leere zu füllen im Leben der aufstiegshungrigen, verwestlichten Mittelschichten.

Bei der schwerreichen Dhammakaya-Sekte empfing mich die Marketing-Chefin und fuhr mich im Auto über das Meditationsgelände der Sekte – es ist 20 Fußballfelder groß. Nachts leuchtete ein riesiger kuppelförmiger Schrein wie ein soeben gelandetes Ufo; der Chedi bestand aus 300 000 kleinen Silikon-Buddhas. Ebenso viele Gläubige wurden bei Massenmeditationen arrangiert zu einer perfekten Ästhetik, zu einer totalitär wirkenden Harmonie.

Bald interessierten mich Auswege aus der Krise mehr als die Krise selbst. Das lag an meiner thailändischen Dolmetscherin, einer hoch gebildeten Frau, die gewöhnlich für das Außenministerium tätig war und mit mir nur arbeitete, weil ihr mein Recherche-Thema am Herzen lag. Sie verfasste selbst Radiobeiträge zu buddhistischen Fragen und suchte leidenschaftlich nach Wegen spiritueller Erneuerung.

Insgeheim dachte ich: Wäre es nicht besser, sie würde meinen Beitrag schreiben? In der Tat war ich von vornherein der Ansicht gewesen, dieses schwierige Thema lieber aus buddhistisch-intellektueller Sicht bearbeiten zu lassen, doch die Redaktion fand mich ausreichend qualifiziert: nämlich allein durch den Umstand, dass ich überhaupt von der Existenz einer Krise des Buddhismus wusste (aus der englischsprachigen Presse Asiens). Dieses kleine Anfangswissen machte mich bereits zur Expertin! Außerdem wollte die Redaktion »den Blick von außen«, das heißt in diesem Fall: den Nicht-Thai-Blick. Also unser Blick. Womöglich eine richtige Entscheidung, gleichwohl sind die Kriterien, wer für was kompetent ist, immer wieder erstaunlich. Würde sich ein Magazin die Krise des Christentums von einer Muslimin erklären lassen?

Den Hinweisen meiner Dolmetscherin folgend, fand ich bald die kleinen Werkstätten eines neuen, staatsfernen Buddhismus. Hinterhof-Kurse lehrten ganzheitliche Spiritualität, Ökobauern probierten eine buddhistisch motivierte Landwirtschaft ohne Chemie, ein Kloster lehnte Geldspenden ab, um sauber zu bleiben, ein Dorf gab sich einen lokalen Moral-Kodex. Und Basisaktivisten erklärten mir, dass sie einen alten Begriff der buddhistischen Lehre wiederentdeckt hatten: Santosa, ein Sanskrit-Wort für »Wissen, wann man genug hat.« Es wurde nun übersetzt als nachhaltig wirtschaften, nachhaltig leben.

Das war ein anderes Thailand. Ein Thailand jenseits von Gewalttätigkeit und Korruption, aber auch jenseits jener Servilität, die in den touristischen Scheinwelten herrscht. Gewiss ein Thailand von Minderheiten, doch waren es keine privilegierten Minderheiten.

Was empfinden wir als authentisch in einem Kulturkreis, dessen Zeichen wir nicht kennen? Exotisch ist, so will es die Definition, jene Art von Fremde, die uns anzieht, und in der Regel ist diese freundliche Fremde im Ländlichen angesiedelt. Denn wir suchen im Exotischen nach Harmonie zwischen Natur und Kultur, nach etwas, das in der eigenen Lebensweise verloren gegangen ist, nach einem Verhaftetsein in Traditionen und Spiritualität. Als Bühne für all das bietet sich das Dorf eher an als die Stadt.

Die Werbung mit ländlicher Ursprünglichkeit und unbeschädigter Kultur schaufelt in Thailand ausländische Touristen in klimatisierte Jeeps, um sie zu sogenannten Bergvölkern im Norden zu bringen. Ich hatte die Gelegenheit, einen besonders eklatanten Fall von falscher Idylle aus der Nähe zu erleben. In einer Ansammlung von Bambushütten umringten spanische Touristen, fröhlich erregt wie bei einer Fotosafari, die sogenannten Giraffenfrauen. Sie trugen, Tag wie Nacht, ihren Hals in einer schweren Messingspirale; das Gewicht bog die Schulterknochen nach unten, deshalb wirkte der Hals in den goldglänzenden Ringen abnorm lang.

Was die Reiseagenturen ihren Kunden über diese Frauen erzählten, war absichtsvoll kurz: Ein Bergvölkchen namens Padaung habe von alters her die Sitte, die Frauen zu Langhälsen zu machen. Und wenn Touristen Eintritt zu deren Dörfern bezahlten, würden sie den Padaung helfen, ohne materielle Not ihrem traditionellen Lebensstil zu folgen. Schon entlang der Buckelpiste zum Bambushütten-Dorf deuteten Schilder auf eine rauere Wahrheit hin: »Displaced persons from fighting«, »temporary shelter«. Vertriebene, Kriegsflüchtlinge, zeitweiser Schutz. Die Grenze zu Myanmar (früher Burma) war nur zehn Kilometer entfernt, von dort waren die Padaung gekommen, auf der Flucht vor dem burmesischen Militär und dessen Krieg gegen aufständische Minderheiten.

Die ersten Padaung kamen vor drei Jahrzehnten – Ahnungslose, mit modernem Leben völlig unvertraut. Clevere Thailänder im Grenzgebiet erkannten rasch den touristischen Marktwert der Messing-Frauen, lotsten sie mit Versprechungen, Tricks, manchmal sogar mit Gewalt an Orte, die für Touristen gut erreichbar sind. Das Bambushütten-Dorf Nai Soi war eine derartige Siedlung. Kein Dorf eigentlich, sondern eine seltsame Mischung aus einem Flüchtlingslager für 177 Menschen und einem Schaukasten für jährlich etwa 12 000 Touristen.

Die Vorschriften des Schaukastens schrieben genau vor, wie die Messing-Frauen auszusehen hatten; die Frisur, der Kopfschmuck, eine Tunika, bunte Gamaschen. Das Kostüm war nicht unecht, aber unecht war seine Einheitlichkeit, frei von all jenen Abweichungen, die in einer lebendigen Tradition normal wären. Erst abends, wenn das Camp für Besucher geschlossen war, durften die Frauen, wenn ihnen kalt war, eine Jacke über ihrem Kostüm anziehen.

Stets dem Werbebild vom traditionellen Bergstamm zu gleichen, dafür bekamen die Frauen und Mädchen ein kleines Monatsgehalt. Und manche Mädchen wuchsen überhaupt nur zu körperlich deformierten Langhalsigen heran, weil Touristen für diesen Anblick bezahlten; in Myanmar starb die Sitte immer mehr aus. Ich besuchte mehrere dieser Schaukasten-Dörfer. Weil mich eine Dolmetscherin begleitete, die selbst eine Geflüchtete aus Myanmar war, verstanden die Padaung-Frauen, dass ich ihre Wirklichkeit hinter der Fassade verstehen wollte, und sie vertrauten mir bis zu einem gewissen Grade.

Ich merkte bald, dass es falsch war, sie nur als Opfer zu sehen. Manche wirkten auf mich wie resolute Geschäftsfrauen. Sie hielten mit den Messingringen ihre Familien über Wasser; die Männer, ohne Einkommen, hatten nichts zu melden. Eine Frau fragte mich sogar, ob ich ihren Mann nicht mitnehmen wolle; »den kriegst du geschenkt!«, rief sie mir zu, so laut, dass er es hören musste.

Auch Ma Pei war direkt. Sie war 35, trug selbst nicht den Messingpanzer, doch einige ihrer Töchter taten es. Mai Pei schob mir während unseres Gesprächs das Schulheft ihrer ältesten Tochter hin, sie war eine sehr gute Schülerin, aber um eine Oberschule zu besuchen, müsste sie in ein weit entferntes Flüchtlingscamp umziehen. Ob ich das Kostgeld übernehmen würde, damit Mu Sha, so hieß die Tochter, dort bei einer anderen Familie leben könne? Während der nächsten Jahre schickte ich jeden Monat diese kleine Summe, manchmal auf abenteuerlichen Wegen. Aber was war mit den Messingringen, die Mu Sha trug?

Irgendwann fragte ich sie in einem Brief, ob sie die Spirale noch abnehmen könne. Ich fragte sehr vorsichtig, denn sie war bereits 15 Jahre, und manchen Informationen zufolge war die Halswirbelsäule dann bereits zu geschädigt, um den Kopf ohne

Stütze halten zu können. Mu Sha antwortete umgehend und so pragmatisch wie ihre Mutter: Sie werde die Spirale abnehmen, wenn ich künftig der Familie jenen Betrag ersetze, den ihr bisher die Touristenmanager bezahlten. Natürlich kam ich dieser Aufforderung nach, und Mu Sha schickte mir schon bald ein Foto, das sie mit blankem Hals zeigte. Sie machte später Abitur im Flüchtlingscamp.

Meine Hoffnung, sie werde als gebildete junge Frau ihrer Community nützlich sein, in einem sich demokratisierenden Myanmar, hat sich allerdings nicht erfüllt. Als sich die Gelegenheit bot, durch ein Resettlement-Programm der Vereinten Nationen in die USA auszuwandern, griff Mu Sha zu. Dort bekam sie, was Thailand der Staatenlosen vorenthalten hatte: einen Pass. Und ich sagte mir, dass es eben nicht möglich ist, mit der einen Hand eine falsche Idylle zu dekonstruieren, um sich mit der anderen Hand eine kleine Hilfe-Idylle zu bauen.

Täuschende Exotik, trügerische Heimat: Im Fall der Padaung war das Dorf ein Ort, wo Flüchtlinge schlichtweg hingelockt wurden. In anderen Fällen werden jene Dörfer, die auf den Routen des Ethnotourismus als besonders authentisch gelten, von jungen Einheimischen gerade verlassen, weil sie dort keine Perspektive mehr sehen.

Zum Beispiel die Dogon in Mali: Kaum ein afrikanisches Völkchen hat die Europäer so langanhaltend fasziniert wie die Dogon, vor allem auf Grund ihrer reichen Kosmogonie. Dass sie sich lange weigerten, den Islam anzunehmen, machte sie für Europäer zusätzlich sympathisch: Gutes, echtes, altes Afrika! Keine Mali-Reise ohne Besuch der Dörfer des *Pays Dogon,* möglichst mit Menstruationshaus.

Lange schon sind viele Dogon von ihrem extrem regenarmen Felsplateau in die Städte abgewandert; die zunehmende Dürre macht auch in einem Weltkulturerbe das Leben immer schwerer. Deshalb sehen wir im nächsten Bild einen Dogon beim Versuch ein Visum für Europa zu bekommen. Da hilft ihm keine Kosmogonie und kein Menstruationshaus. Der Mann ist nicht mehr der sympathische Träger einer alten Kultur, sondern ein unerwünschter Migrant. Aus dem harmlosen Exoten ist ein gefährlicher Fremder geworden.

Exotismus und Ethnotourismus des 21. Jahrhunderts ist gewiss nicht mit jener rassistischen Überheblichkeit zu vergleichen, die im ausgehenden 19. und frühen 20. Jahrhundert ein Millionenpublikum in sogenannte Völkerschauen zog. Aber haben sich die großen Achsen wirklich verändert? Noch immer ist unsere Beziehung zum Exotischen eine Einbahnstraße. In der Betrachtung des erstaunlich Fremden versichern wir uns unserer selbst – und das Exotische soll auch im physischen Sinne dort bleiben, wo es hingehört.

Letztendlich drängt sich hier derselbe Maßstab auf, den wir schon an anderer Stelle zur Beurteilung interkultureller Beziehungen verwandt haben: die Frage nach der Anerkennung des Individuums. Wenn der Exot zum Migranten wird, verliert er jene schützende Aura, die er als Angehöriger eines exotischen Kollektivs genießen durfte. Als Individuum ist er ein Nichts, schlimmstenfalls ein ertrinkender Flüchtling im Mittelmeer, dem sich keine Hand entgegenstreckt. Wäre die radikale Distanzierung vom Schicksal eines Verunglückten möglich, wenn es nicht schon vorher, im Blick auf den Lebenden, den Keim der Verachtung gegeben hätte?

Als der Psychoanalytiker Paul Parin, eigene Untersuchungen bei den Dogon vorbereitend, den Stand der französischen Dogon-Forschung auswertete, immerhin 150 Publikationen, kam er zu dem Schluss: »Nicht eine einzige Person war als handelndes, denkendes oder fühlendes Subjekt auch nur erwähnt.« Das war der Stand in den 60er Jahren des 20. Jahrhunderts. Für die Ethnologie waren Individuen lange nur »Informatoren«; eine derartige Instrumentalisierung ist heute noch vielfach in den Medien üblich, wie wir später am Umgang mit Opfern und Überlebenden zeigen werden.

Paul Parin drehte diese Perspektive radikal um, als er mit einer Reihe von Dogon über längere Zeit psychoanalytisch orientierte Gespräche führte und damit ein völlig neues Instrument der Feldforschung erprobte (nachzulesen in »Die Weißen denken zuviel«, gemeinsam mit Fritz Morgenthaler und Goldy Parin-Matthèy). Die Ethnologie hat sich seitdem weiterentwickelt. Nach einer berühmten Formulierung des US-amerikanischen Anthropologen Clifford Geertz sollte ethnologische Forschung das Diskurs-Universum der Menschheit erweitern, nämlich »uns mit anderen Antworten bekannt machen (...), um diese Antworten in das jedermann zugängliche Archiv menschlicher Äußerungen aufzunehmen.« Eine schöne Utopie gleichberechtigter Beziehungen. Ist es zu weit hergeholt zu hoffen, dass sich eines Tages eine Medienstruktur entwickeln könnte, die alle Antworten gleichermaßen zu Gehör bringt?

In den Floskeln der öffentlich genutzten Sprache, in Überschriften und Buchtiteln sind zwei Worte nahezu allgegenwärtig: reisen und entdecken. Reisen ist längst nicht nur die physische Fortbewegung; reisen ist eine Metapher geworden für die weiße Art, sich durch die Welt zu bewegen. Das Wort suggeriert etwas Reizvoll-Mobiles, und selbst aufwendige Auslands-Recherchen vermarkten sich besser, wenn sie als eine Art Ausflug daherkommen. Ein Buch von mir über zehn islamische Länder, über Jahre entstanden, bekam vom Verlag deshalb den Untertitel »Reisen durch einen unbekannten Islam«, und bei der ZEIT-Kollegin Andrea Böhm schnurrten etliche harte Aufenthalte im Kongo auf die Zeile zusammen »Eine Reise durch den Kongo«. Reisen heißt entdecken, auch das Entdecken ist in der weißen Worte-Welt allgegenwärtig.

Natürlich wird heute in jeder besseren Schule und in einigen Museen erklärt, was Entdeckung historisch bedeutete. Auf einer Tafel im Kölner Rautenstrauch-Joest-Museum heißt es: »Die Begegnung zwischen ›Entdeckern‹ und ›Entdeckten‹ gestaltete sich als Akt rigoroser Aneignung. Unterwerfung und Annexion durch die europäischen Mächte gingen einher mit der geistigen Inbesitznahme der Welt.« Doch wie unberührt von solchen Erkenntnissen hat der Zeitgeist die Entdecker-Vokabel in eine neue Unschuld gekleidet. Sprache spiegelt Bedürfnisse; sie zeigt, wie wir uns in der Welt verorten, wie wir uns selbst darin sehen möchten. Unser Verhältnis zur Welt ist gewiss anders als zu Kolumbus' Zeiten, aber wir gehen, mehr als uns bewusst ist, psychologisch in denselben weißen Fußstapfen.

Entdecken bedeutet: Wir sind unterwegs. Wir sind aktiv. Wir öffnen Räume und sammeln. Andere sind sesshaft, wir sind mobil.

Ich war gerade von einer Afrika-Reise zurückgekommen, als mir in einem Intercity-Express eine Ausgabe von *Mobil*, dem Magazin der Deutschen Bahn, in die Hände fiel. Ein Foto zeigte eine Frau mit rotem Bauhelm und orangefarbenem Seidenschal vor einer Kulisse von Baukränen. Es handelte sich um eine Literaturwissenschaftlerin, sie forschte über Baustellen und sagte dazu: »Mich packte das Unfertige«. Ah, ein großes Thema. »Baustellen als letzte Erlebnisbereiche in einer Welt perfekter Oberflächen?«, fragte *Mobil*. Darauf muss man erst einmal kommen. Und es dann formulieren wie eine Fragestellung unserer Epoche.

Vermutlich erschien mir diese Geschichte so bizarr, weil ich gerade aus einer Weltgegend kam, wo das Unfertige die Regel ist, eine alltägliche Erscheinungsform des Lebens. In Mali (wie in vielen anderen Ländern) wird an einem Haus jahrelang weitergebaut, immer wenn gerade Geld da ist. Fast niemand hat zu Beginn Geld für ein ganzes Haus. In der Landschaft steht häufig etwas altgewordenes Halbfertiges, für unsere Augen eine Bauruine, der schwer anzusehen ist, ob es sich um eine besonders lange Pause im Hausbau handelt oder um dessen Ende. Der Unterschied zwischen beidem besteht häufig in einer Geldanweisung aus dem Ausland; ein Migrant in der Familie hält den Hausbau am Leben. Da schließt sich der Kreis zur Mobilität, nur ein wenig anders als in *Mobil*.

So wie der weiße Blick eine gefährliche Fremde und eine faszinierende Exotik unterscheidet, so kennt er auch zwei Sorten Mobilität. Zunächst die unsrige, und für sie bleibt der Begriff mit seiner positiven Anmutung in der Regel reserviert: ein Lebens- und Arbeitsstil, in dem die Beherrschung kommunikativer Werkzeuge und die technisch produzierten Geschwindigkeiten höchste Souveränität versprechen. Individuell gesehen ist dieser Lebensstil nicht von jedem frei gewählt, aber kollektiv betrachtet handelt es sich vor allem um das *Self-Styling* einer im internationalen Vergleich eher sesshaften Gesellschaft. Wir trinken Kaffee *to go* und machen die Grenzen dicht für jene, die wirklich mobil sind. Ihre Mobilität ist nicht die unsrige, es ist eine dunkle Kraft, die wir Strom oder Welle oder Flut nennen, damit niemand sie mit unserer schicken weißen Beweglichkeit verwechselt.

Wer an dieser Stelle nickt, sollte sich vorsehen. Denn es gibt auch eine weiße Selbsttäuschung, die progressiv daher kommt: Die Annahme, Mobilität sei bei uns eine Lebensform, die Migration im globalen Süden hingegen ausschließlich die bedauernswerte Folge wirtschaftlicher Not.

Noch einmal nach Mali: Eine zeitlich begrenzte Arbeitsmigration ist dort seit vielen Jahrzehnten im Lebensrhythmus von

Familien, Dörfern, Gemeinschaften verankert ist. Weggehen, das war für die männliche Jugend der Schritt ins Erwachsenwerden, der Übergang zu einer neuen Identität als geachtetes, vollwertiges Mitglied der Gemeinschaft.

Die Idealisierung der Migration, die Verbindung von Männlichkeit und Migration, hat ihren festen Platz in der Folklore. Unlängst verstarb ein bekannter malischer *Griot*, der 30 Jahre lang das hohe Lied auf die Migrationswilligkeit gesungen hatte. Traditionell rühmt ein Griot die Heldentaten eines Mannes (manchmal auch die einer Frau) und die ihrer Ahnen, früher zog er an der Seite von Kämpfenden in den Krieg. In diesem Fall puschte der Griot viele Zögernde in das immer gefährlicher werdende Abenteuer der Migration: Zu schmachvoll war in seinen Liedern das Zuhause bleiben. Wer nicht migrieren wollte, war ein Schwächling, ein Stubenhocker; in der Soninke-Sprache ein »Klebenbleiber« – unreif, faul und feige.

Mit anderen Worten: Ein Mobilitäts-Verweigerer; keine Frau würde so jemanden heiraten wollen.

Dichtung und Wahrheit

Bewusste und unbewusste Inszenierungen.
Wo endet zulässige Kreativität,
wo beginnt Fälschung?

»Journalistisch«, das ist keineswegs ein neutrales Adjektiv. Wenn jemand von einer »journalistischen Frage« oder einer »journalistischen Zuspitzung« spricht, dann kommt es darauf an, wer spricht. Ist es ein Journalist, dann beharrt er mit diesem Ausdruck darauf, dass es eben eine ganz besondere, eine geschickte, kluge, unbestechliche und auf jeden Fall legitime Herangehensweise gibt, mit der sein Berufsstand Licht ins Dunkel allzu großer Kompliziertheiten wirft. Spricht hingegen ein Nicht-Journalist, dann hört man einen abfälligen Ton heraus: journalistisch, das ist vereinfachend, platt, effekthascherisch. Tendenziell verzerrend, und nur grenzwertig legitim.

Gibt es auch eine besondere journalistische Wahrheit? Davon ist zwar seltener die Rede, gleichwohl wird danach gehandelt. Tatsächlich scheint es sogar zwei Varianten dieser Spezial-Wahrheit zu geben, die Journalisten für sich reklamieren: Manchmal tritt sie uns als die sogenannte höhere Wahrheit entgegen, das ist die literarische, ambitionierte Variante, ein anderes Mal kommt sie schlichter gekleidet daher, als niedere Gebrauchswahrheit für den journalistischen Alltag. Wohlbemerkt: Hier ist nicht die Rede von den großen Täuschungen, den

Trugbildern vom Weltgeschehen. Hier geht es um filigranere Wahrheiten, um das Handwerk des Schreibens, um individuelle Berufsethik.

Zunächst zum Alltag: Vor Jahren sagte mir ein Kollege, es sei legitim, aus drei Äußerungen, die er bei Hintergrundgesprächen mit Mitarbeitern der Partei XY gehört habe, ein richtig knackiges Zitat zu komponieren und es dann einem anonymen Mitarbeiter in den Mund zu legen. Entscheidend sei: »Es hätte so gesagt worden sein können.« Ich schätzte diesen Kollegen durchaus, ich hatte keinen Zweifel an seiner prinzipiellen Aufrichtigkeit, und gerade deshalb beunruhigte mich dieses Gespräch.

In meiner Erinnerung verbindet sich diese Szene nun mit einer anderen, tausende Kilometer entfernt. Eine schüttere Veranda; sie gehört zu einer Holzhütte, die Hütte steht in Osttimor. Ich teile mir die Veranda mit einem US-amerikanischen und einem australischen Kollegen; wir haben uns spontan zusammengetan, um den Besitzer dieser Hütte zu befragen. Er steht im Verdacht, seine Landsleute terrorisiert zu haben, aus politischen Motiven. Der Mann ist nur ein kleiner Puzzlestein in einem unübersichtlichen Geschehen; außerdem hat er sich ausbedungen, anonym zu bleiben. Es geht also um nicht sehr viel bei unserem Gespräch – und gerade deshalb ist es mir so in Erinnerung geblieben.

Denn die beiden Zeitungskollegen arbeiten mit einer Akkuratesse, die ich mit wachsender Faszination beobachte. Jeder Satz unseres miesen kleinen Hüttenbesitzers wird dreimal abgeklopft, die Übersetzung überprüft, Schreibweisen verglichen, Ortsnamen verifiziert, und wenn etwas unklar ist, dann bitte noch mal von vorne. Die Genauigkeit und die Bescheidenheit der beiden Reporter beeindrucken mich nachhaltig. Es wäre so leicht, es sich leicht zu machen – auf einer Veranda in Osttimor, fern der Heimatredaktion, fern dessen, was die Leser beurteilen und überprüfen können! Denn natürlich bedeutet die Entfernung vom Leser, vom eigenen Kulturkreis eine immense Verführung: straflos Zuflucht zu nehmen zu einer Gebrauchswahrheit, zu einem Es-hätte-so-gewesen-sein-können. Aber die Entfernung kann auch Respekt schaffen: Respekt davor, wie schnell etwas falsch sein kann. Wie sehr man auf der Hut sein muss.

Nachdem ich durch Vietnam gereist war und mit diversen Gesprächspartnern ihren Rückblick auf den »Amerikanischen Krieg« erörtert hatte, fragte mich eine Leserin, die mich privat kannte: »Sag mal, hast du all diese Leute wirklich getroffen?« Mit ihrem Zweifel an der Lauterkeit journalistischer Arbeitsweise war sie nicht allein. Ein Kollege, der seit Jahren Auslandsreportagen schreibt, erzählte mir, er selbst traue den Reportagen anderer Journalisten wenig – und deshalb stopfe er in seine eigenen Texte oft zu viele Fakten, um gleichsam Berge von Beweismaterial gegen alle Zweifel aufzutürmen.

Gerade das geschriebene Wort hat ein Glaubwürdigkeitsproblem. Denn es könnte ja ohne Mühe, ohne jeden technischen Aufwand, erfunden worden sein. Dem Bild, dem Fernsehbild wird mehr geglaubt, – obwohl gerade Fernsehberichterstattung aus dem Ausland oft nur die Illusion von Authentizität schafft, mit angekauften Bildern und von der heimatlichen Zentrale zugespielten Informationen. Zugleich war es das geschriebene Wort, zumal als klassische Kriegsreportage, das in den vergangenen 100 Jahren der Gesellschaft oft die Augen geöffnet hat über die großen Ereignisse ihrer Zeit. Das Wort konnte die »Lügen in Zeiten des Krieges« unterlaufen.

Aber wo stehen wir heute? Immer noch wird die Reportage mit Journalistenpreisen zur Königsdisziplin geadelt. Aber gibt es Regeln, deren Einhaltung hinausführen könnte aus einem

Labyrinth der Zweifel, der schwindenden Glaubwürdigkeit und der sinkenden Relevanz? Und müssten die Journalisten nicht selbst alles daran setzen, die Zuverlässigkeit des veröffentlichten Wortes zu verteidigen – um sich und ihre Professionalität abzusetzen von allen Hobby-Bloggern, die ihnen auf Discount-Ebene Konkurrenz machen? Journalismus, wenn er überleben will, muss orientierend, aufklärend, verlässlich sein, ein Filter aus Faktentreue und gebildeter Reflexion gegen die Zumutungen der Datenflut.

Was also ist erlaubt?

Ein Nachmittag in der Evangelischen Journalistenschule zu Berlin: Die Volontäre haben sich an der langen Reportage versucht, wir diskutieren gemeinsam nicht nur jedes Manuskript, sondern hören uns auch an, wie jeweils die Recherche verlaufen ist. Ein Teilnehmer hat über eine Bahnfahrt von Berlin nach Kaliningrad geschrieben; der Text ist gut, aber bei Nachfragen druckst der junge Kollege ein wenig herum. Schließlich stellt sich heraus: Hinfahrt und Rückfahrt im Zug waren sehr unterschiedlich ergiebig an gesprächsbereiten Reisegefährten und erzählbaren Erlebnissen. Also hat der Autor beim Schreiben später manche Fahrgäste einfach umgesetzt; wen er in Wirklichkeit auf der Strecke nach Kaliningrad getroffen hatte, den traf er im Text nun Retour nach Berlin – oder umgekehrt. Die mutige Beichte liefert Diskussionsstoff. Die Mehrheit der Journalistenschüler sagt: So geht es nicht. Gemeinsam suchen wir nach dramaturgischen Lösungen, die Lügen vermeiden. Der Kollege schreibt später seinen Text um, und die neue Fassung ist keineswegs schlechter.

Muss man der kreativen Gestaltung wirklich so rigoros und gewiss auch moralisch Grenzen setzen? In der Branche sehen das manche anders, auch angesehene Autoren. Und jene Kollegen, die sich selbst auf das nachrichtliche Geschäft oder das kurze Magazinstück beschränken, nehmen häufig an, wer sich die Freiheit subjektiven Schreibens nehme, fühle sich ohnehin an keine Regel mehr gebunden. Zu einer Zeit, als ich viele politische Portraits schrieb, urteilte ein Kollege: »Du machst keinen Journalismus. Du dichtest.«

Der polnische Autor Ryszard Kapuscinski ist posthum in den Strudel einer Debatte über seine Glaubwürdigkeit geraten – und dies ist eine exemplarische Debatte über die weiche Grenze zwischen journalistischem und literarischem Schreiben. Kapuscinski wurde berühmt durch seine Reportagen aus Afrika und seine Aufzeichnungen vom Zerfall des sowjetischen Imperiums. Er führte stets zwei Notizbücher bei sich: Eines für die schnöden Fakten des Tages; damit füllte er die Berichte, die er per Telex nach Warschau schickte. Im zweiten Notizbuch hielt er impressionistische Eindrücke fest; sie bildeten später die Basis für seine viel gelobten Bücher.

Kapuscinski galt bis zu seinem Tod stets als Journalist, als einer der ganz Großen dieser Gattung, als »Reporter des Jahrhunderts«. Er selbst meinte, der wichtigste Unterschied zwischen Reportage und Literatur sei »das Wissen des Lesers, das all das wirklich passiert ist«. Aber heißt das auch, dass der Autor dafür gerade steht, dass alles genau so und nicht anders passiert ist? Nein, antwortet Ilija Trojanow, seinerseits als »Weltensammler« ein gerühmter Autor, ein Bewunderer und Nachfahre Kapuscinskis. »Nur ein sehr naiver Leser«, schreibt Trojanow, »würde annehmen, dass Kapuscinski jedem der portraitierten Menschen wie dargestellt begegnet ist oder dass er jedes der heraufbeschworenen Gespräche wortwörtlich wiedergibt. Selbstverständlich setzt er die Figuren zusammen aus verschiedenen Personen, die er kennengelernt hat, und gewiss spitzt er zu, was in der Realität flüchtig dahingesagt (...) wurde.«

Wenn all das wirklich so selbstverständlich ist, dann hätten wir unseren armen Journalistenschüler zu Unrecht gerügt wegen seiner kreativen Sitzordnung im Zug nach Kaliningrad. Denn der Leser, so fährt Trojanow fort, müsse hinnehmen, »dass die Realistik in gewisser Weise fabriziert ist.« Kapuscinski hätte die intensive Wirkung seiner Schilderungen nicht ohne »das freie Arrangement des Materials« erzielen können. Sehen Sie!, ruft da der arme Journalistenschüler. Ist ihm verboten, was Berühmteren erlaubt ist?

Der Fall Kapucsinski erzählt von einer schwierigen Vermischung der Genres. Trojanow, der Kapuscinskis Werk sehr gut kennt und ausgewählte Teile ediert hat, spricht vom »Zwischenland zwischen Fiktion und Reportage«; erst das Verwischen der faktischen Vorlage, »die fiktionale Durchdringung des dokumentarischen Berichts« hebe den Text auf eine höhere Ebene der Wahrheit. Da haben wir sie, unsere höhere Wahrheit.

»Es ist schwer, die Wahrheit präzis hinzustellen, ohne Schwung und Form zu verlieren«, meinte Egon Erwin Kisch. Trotzdem sei für die Phantasie »nur der schmale Steg zwischen Tatsache und Tatsache zum Tanz freigegeben«. Doch Kisch nahm sich selbst, so wie Kapuscinski, mehr Freiheiten heraus, eben literarische Freiheiten. Natürlich können dann Figuren aus mehreren realen Menschen zusammengesetzt werden. Oder es verdichtet sich in einem Moment, was sich in Wirklichkeit über Tage oder Orte verstreut zugetragen hat. Die als »groß« gepriesenen Journalisten waren mehr Literaten, als gemeinhin angenommen wird. Das schmälert ihre Leistung nicht; aber sie taugen eben nur bedingt zum journalistischen Vorbild.

Schon Charles Dickens, Jack London und George Orwell wurden durch Texte bekannt, die zwischen Fiktion und Reportage angesiedelt waren. Und niemand zweifelt daran, dass sie soziale Realität realistisch und in diesem Sinne »wahr« beschrieben haben. Es sind aber »Storys«, die als solche deklariert werden müssen. Bemerkenswert am Rande, dass es George Orwell 1934 mit seiner ersten Novelle erging wie einem Journalisten in einem Polizeistaat. Orwell schrieb *Burmese Days* nach fünf Jahren Dienst bei der britischen Kolonialpolizei in Myanmar; seine Schilderungen von Korruption und Bigotterie waren so authentisch, mit echten Namen und Orten, dass der Verlag sie aus Angst vor Verleumdungsklagen seitens der Behörden zunächst nicht in Großbritannien erscheinen ließ, sondern nur in den Vereinigten Staaten. Eine Fassung für den britischen Markt enthielt später frisierte Namen.

Der heutige Leser tut sich schwer, zwischen einer Story mit fiktiven Anteilen und einer journalistischen Reportage zu differenzieren, weil sich beide im Stil immer weniger unterscheiden. Die journalistische Reportage mag sich der Vergangenheitsform bedienen, um literarischer zu wirken. Halbliterarische Storys werden wiederum manchmal im Präsens geschrieben, damit sie aktueller, spannender, eben möglichst »realistisch« wirken. Und seit der Entstehung des angelsächsischen *New Journalism* haben sich viele daran versucht, den Stoff des traditionellen Journalismus mit der Sprache der Belletristik zu verschmelzen. Manche sprechen von einer »literarischen Reportage«, wenn deren Sprache reich, klar und ruhig ist, frei von all den Floskeln, den abgedroschenen Metaphern und den Übererregtheiten, die den Stil vieler Journalisten prägen. Andere empfinden es als literarisch, wenn sich der Autor durch seine Haltung erkennbar abhebt von kleingeistiger Gier nach Aufmerksamkeit.

Bleibt es also letztendlich das Geheimnis des Autors, ob er eine Reportage oder eine Story geschrieben hat? Die Antwort auf diese Frage ist keineswegs nur für den Leser relevant, der das Stück zu Hause auf dem Sofa liest. Gravierender können die Konsequenzen für die Betroffenen sein, für die dargestellten

Bewohner der wirklichen Wirklichkeit. Anders als die literarische Erzählung kann die Reportage Opfer haben. »Mit unseren Worten können wir ein Leben zugrunde richten«, wusste Kapuscinski.

In einer weniger dramatischen Weise kann auch eine fiktiv verfremdende Story Opfer haben: Bruce Chatwins halbliterarischer Australien-Bestseller »Traumpfade« hinterließ bei manchen Aborigines das Gefühl, missbraucht worden zu sein. Benachteiligte und Unterdrückte haben oft kein Verständnis dafür, als Material für literarische Erfolge benutzt zu werden. Wir wissen nicht, was die Menschen, unter denen Charles Dickens oder Honoré de Balzac recherchierten, von deren Büchern hielten; sie konnten vermutlich nicht lesen. Die Anerkennung, dass eine Story die Realität realistischer erzählt als die Zeitung, kommt oft erst im Nachhinein, aus dem Blick der nächsten Epoche.

Die Story kann sich auf die Freiheit der Kunst berufen, die Reportage nur auf die Freiheit der Meinung. Nach dem deutschen Grundgesetz ist die Freiheit der Kunst fast grenzenlos, die Freiheit der Meinung hingegen nicht. Eine Story, die im Neonazi-Milieu spielt, kann Judenfeindlichkeit drastischer, O-toniger erzählen als eine Reportage. Dort würde ab einem bestimmten Punkt der Eindruck von Unangemessenheit und Peinlichkeit aufkommen oder gar der Verdacht, der Autor mache sich mit dem antisemitischen Anliegen gemein.

Aus all diesen Gründen plädiere ich für eine klare Grenzziehung zwischen Reportage und Story. Ein Text sollte als journalistisch oder als fiktional gekennzeichnet sein. Dies hält niemanden davon ab, einem Text literarische Dichte zu geben. Aber wir, die Journalisten, müssen uns zur unbedingten Treue zu den Fakten verpflichten. Früher wurde bei der US-amerikanischen Originalausgabe von *National Geographic* manchmal ein Verifikateur losgeschickt, der ein fertiges Manuskript nachrecherchierte, die genannten Orte und Personen noch einmal abklapperte. Ich stelle mir manchmal vor, jemand würde mir nachreisen und prüfen, ob der Baum wirklich links von der Tankstelle steht oder rechts. *Peanuts,* unwichtige Details? Gewiss. Aber wo verläuft die Grenze zum Wichtigen?

Wer schreiben kann und sich ein wenig mit Dramaturgie auskennt, für den ist es völlig ausreichend, den Tanz, wie Kisch es formulierte, nur auf dem schmalen Steg zwischen Tatsache und Tatsache zu veranstalten. Allerdings muss man sich manchmal ein bisschen mehr anstrengen. Als ich über Korruption in Kamerun schrieb, wollte ich mit einer Szene einsteigen, die ich selbst erlebt hatte: Polizisten hielten wie Wegelagerer den vollgestopften Kleinbus an, in dem ich saß, um unter allerlei Vorwänden Geld zu erpressen. Doch die Szene schrieb sich schlecht: Eine Frau war zunächst das Opfer der polizeilichen Willkür, aber dann übergab ein Mann für sie das Geld an den korrupten Beamten. Das machte die Szene kompliziert, »kaputt«. Trotzdem wollte ich unbedingt mit ihr beginnen, nicht nur, weil ich hautnah dabei war, sondern weil ich anschließend beschreiben wollte, wie die Leute im Bus untereinander in Streit gerieten wegen des erzwungenen Halts – statt sich gegen die Polizei zu wehren. Und dies führte mitten in das soziale Panorama Kameruns. Also schrieb ich die Szene immer wieder um, zoomte schließlich den Vorgang der Geldübergabe so heran, dass man nur das Entscheidende sah – ohne dass ich den Ablauf frisieren musste.

Man mag sich fragen: Wozu solcher Aufwand, und wer honoriert ihn? Im konkreten Fall niemand, denn die Einzigen, die den Vorgang im Original kannten, waren meine Busnachbarn und die lasen meine Geschichte nicht. Und von Redaktionen bekommt man eher Applaus für schönes Schreiben als für die unsichtbare Mühe, zugleich wahrhaftig zu sein. Ich selbst empfinde den Purismus, den ich mir auferlege, allerdings als nützliche Disziplin. Und gewiss spielt auch ein stiller Ehrgeiz hinein, der handwerkliche Ehrgeiz, für jedes auftretende Problem eine Lösung nach meiner Fasson zu finden.

Und doch bleiben Zweifel, prinzipielle Zweifel. Denn ist das Komponieren eines Textes, die freihändige Zusammenstellung von Fakten, Szenen, Personen nicht ein ebenso drastischer Eingriff wie etwa das Zusammenbauen von Personen? Und ist jemand wirklich der wahrhaftigere Reporter, wenn ihn seine Redaktion solange bezahlt, bis er den einen, den idealen Protagonisten gefunden hat, statt ihn sich aus drei halb-geeigneten zusammenzubauen?

Im deutschen Journalismus ist, anders als im angelsächsischen, das Schreiben in der Ich-Form verpönt. Trotzdem ist Reportage-Schreiben mit dem autobiografischen Schreiben verwandt: Wir erzählen Selbsterlebtes, und das ist immer subjektiv. Wie sehr das ein Wagnis ist, davon ahnte Goethe gewiss mehr als wir eiligen Journalisten: Als er seine Autobiografie »Aus meinem Leben. Dichtung und Wahrheit« nannte, meinte er mit »Dichten« nicht hinzudichten, vulgo Erfinden, sondern den verdichtenden, gestaltenden Eingriff in das Erinnerte.

Das Erzählen von Wirklichkeit ist nie die Wirklichkeit selbst. Der Schriftsteller Günter de Bruyn, der sein ganzes Leben als Zeitzeugnis niedergeschrieben hat, macht das an diesem simplen Beispiel deutlich: »Banalität oder Langeweile zu erzählen, ohne banal oder langweilig zu werden«. Aus Geschehnissen oder Zuständen einen erzählenden Text zu machen, das heißt, sagt de Bruyn, nicht nur die Realität, soweit es geht, Wort werden zu lassen, sondern auch, »sie zu reduzieren und in eine Ordnung zu bringen, die sie von Natur nicht hat. Auch wenn man das eigene Erleben nicht, wie im Roman, durch Erfindung bereichert, reduziert oder verfremdet, wird es durch das Erzählen verändert, es wird anders, eben erzählbar, gemacht.«

Den Dingen eine Ordnung geben, die sie von Natur aus nicht haben. Folglich schützt mich auch mein Purismus, mein Bedürfnis nach Faktentreue nicht davor, dass ich beim Schreiben Wirklichkeit inszeniere. Ich bringe sie als Stück auf die Bühne, auf meine Bühne. Die Inszenierung bleibt immer ein Wagnis, bleibt immer angreifbar. Der einzige Ausweg aus diesem Dilemma heißt Selbstprüfung.

Kulturelle Ferne bedeutet bei all dem stets ebenso Verführung wie Herausforderung. Manchen Journalisten gelingt es, eine Geschichte vollständig aus der Sicht einer jemenitischen Hausfrau, einer Hirtin in Bhutan oder eines weisen alten Afrikaners zu erzählen. Als säßen sie im Hirn und im Herzen des anderen, drehen sie die Perspektive um 180 Grad – mit besten Absichten: Kultur vermittelnd, quasi dolmetschend. Das ist hohe Kunst – oder ist es hochgradige Anmaßung? Wissen wir je wirklich genug, um uns hinein versetzen zu können in jemand so anderen? Unser Gegenüber, die Jemenitin, die Hirtin oder der alte Afrikaner, sie kämen nicht auf eine derartige Idee. Und gerade das ist ja unser Material: Wir portraitieren sie in ihrem Staunen über uns. Sie respektieren eine Grenze. Wir übertreten die Grenze.

Leid, Voyeurismus, Intimität
Riga, Phnom Penh, Surabaya: Begegnungen
mit Überlebenden. Kulturen des Erinnerns

Ein einziges Wort, achtlos, gedankenlos hingeschrieben, kann viel Schmerz verursachen. So war es im Fall der lettischen Jüdin Edda Medalje.

Eine Überlebende des Holocaust, nun 83 Jahre alt. Ich traf sie in Riga; ich war dorthin gefahren, um Opfer des Nationalsozialismus zu portraitieren, die bis dahin immer noch keine Entschädigung erhalten hatten: Weil das Baltikum auf der falschen Seite des Eisernen Vorhangs lag; weil die bundesdeutschen Regierungen ein halbes Jahrhundert lang allen NS-Opfern in Osteuropa eine Wiedergutmachung verweigert hatten.

Ich hatte von Edda Medaljes einzigartigem Schicksal gehört: Sie war aus dem Wald von Rumbula zurückgekehrt, als einzige. In diesem Waldstück nahe Riga waren an zwei eisigen Wintertagen des Jahres 1941 fast 30 000 Juden ermordet worden.

Die alte Dame empfing mich in einer kleinen Wohnung mit zwitschernden Kanarienvögeln. Wir waren allein, Frau Medalje sprach deutsch, ein altmodisches Deutsch des frühen 20. Jahrhunderts, als sich viele lettische Juden an deutscher Kultur orientierten. In diesem Deutsch also erzählte mir Edda Medalje ihre Geschichte: Im Wald die Grube schon ausgehoben, das

Grab für sie und alle anderen. Die junge Frau legte ihre Wertsachen in eine Kiste, ein paar Schritte weiter die Stiefel, und als sie gerade den Mantel ablegte, traf sie ein Schlag in die Nieren. Es war dieser Schlag, der in ihr einen verzweifelten Willen aufriss, den unbedingten Willen zu überleben. Sie schrie: »Ich bin keine Jüdin!«, irrte umher zwischen den Nackten und den am Boden zertrampelten Babys, fiel vor SS-Männern auf die Knie. »Helfen Sie mir, ich bin keine Jüdin!« Bis der ranghöchste Offizier sie, gottgleich, mit einer Handbewegung begnadigte.

Frau Medalje hatte hastig, noch einmal umherirrend erzählt, und wie ein faltiger Schleier legte sich dabei Gram über ihr Gesicht. Sie stand auf, holte Tee. Wie es sich damit lebt, als einzige von einem Massengrab zurückgekehrt zu sein, blieb in ihr verschlossen.

Einige Wochen später, in Deutschland: Edda Medalje hatte die gedruckte Reportage bekommen, nun liegt da ein Brief von ihr. Ein langer, von Hand geschriebener Brief. Er handelte von einem einzigen Wort, dem Wort »Lüge«. Es stand in der Bildunterzeile, unter ihrem Foto: »Sie rettete sich durch eine Lüge.«

In meinem Text hatte ich dieses Wort nicht benutzt; es enthielt ein Urteil, das ich mir nicht anmaßen wollte. Die Bildunterzeilen hatte jemand anders in der Redaktion gemacht, während meiner Abwesenheit. In Eile, wie es so ist. Das Wort Lüge war ja nicht falsch. Und doch ethisch ein Missgriff: Ein Wort, das viel zu klein ist und viel zu mies für die Tragik dieses Augenblicks im Wald. Bei Edda Medalje muss alles hochgekommen sein, was sie so lange in ihrem Innersten verborgen hatte. Das Schuldgefühl, überlebt zu haben. Die Selbstvorwürfe.

Ein lettisch-jüdischer Anwalt, der für Entschädigungen kämpfte und mich mit Frau Medalje bekannt gemacht hatte, tat sein Bestes, mir zu versichern: Mein Artikel sei nützlich gewesen, er unterstütze den Druck auf die deutsche Regierung – und Edda Medalje müsse eben mit ihrem Schicksal leben. Dennoch war etwas geschehen, was meines Erachtens kein Artikel wert ist.

Was dürfen wir? Was können wir überhaupt begreifen? Und wie gehen wir mit dem ungeheuren Privileg um, dass Journalisten sich aufgrund ihrer Profession einem Extrem nähern dürfen: dem Überleben, den Überlebenden. Ein Privileg ist das zweifellos, denn wir dringen in eine Intimsphäre ein, in den seelischen Ausnahmezustand des Überlebthabens. Zumindest in dessen äußere Räume, denn die inneren bleiben in der Regel verschlossen.

Niemand hat mir das in Lettland so klar und mit so wenigen Worten gesagt wie Josif Elgurt. Elgurt war ein scheu wirkender Mann mit schönen, großen Händen, Malerhänden. Als ich ihn im Haus des Rigaer Künstlerverbandes besuchte, hatte er sein kleines Atelier aufgeräumt, damit ich in der engen Kammer überhaupt Platz fand. Papierrollen stapelten sich bis zur Decke; Elgurt, 73, malte seit 36 Jahren. Bilder der Einsamkeit, bevölkert von Katzen und traurigen Clowns. Elgurt wurde drei Jahre lang durch Ghettos und Lager geschleppt, seine gesamte Familie in der Ukraine vernichtet. Über diese Zeit nie ein Bild. »Der Holocaust ist zu persönlich«, sagte er. »Das kann ich nicht an die Öffentlichkeit bringen.«

Die Begegnungen mit Holocaust-Überlebenden zählen zu den intensivsten Momenten, die ich als Journalistin erlebt habe. Jeschischa Gutmans, auch er ein lettischer Jude, der für seine Jahre im KZ nie eine deutsche Entschuldigung gehört hatte, sang für mich deutsche Schlager: Wenn der weiße Flieder wieder blüht. Gutmans wusste kaum, wovon er seine Medikamente bezahlen sollte; es waren deutsche Medikamente.

Begegnungen mit Holocaust-Überlebenden sind eine Schule der Bescheidenheit. Alle Eitelkeit, alle Selbstbezogenheit, die uns Journalisten häufig kennzeichnet, fällt von einem ab. Man ist nur Tonband, nur Stift. So ging es mir bei Hermann Langbein, einem Auschwitz-Überlebenden. Ich besuchte den 83jährigen in seinem Häuschen am Stadtrand von Wien, wir stiegen hinauf unters Dach, in sein Arbeitszimmer. Ringsum an den Wänden Regale mit Lager-Literatur. Langbein, Österreicher, Jude, Kommunist, war der große Chronist des Widerstands in den Lagern.

Wir sprachen lange; als es dämmerte, machte Langbein kein Licht. Er schien die aufkommende Dunkelheit gar nicht zu bemerken, und obwohl ich meine Notizen kaum noch sehen konnte, wagte ich nicht, ihn zu unterbrechen. Vor dem Hintergrund dessen, was er erzählte, schien die Bitte, eine Lampe einzuschalten, zu banal. Als im mittlerweile düsteren Zimmer der Deckel meines Kamera-Objektivs mit hellem Klackern zu Boden fiel, fuhr ich zusammen. Ich merkte erst in diesem Moment, in welcher Anspannung ich mich seit Stunden befunden hatte.

Vorher gab es noch die Apfelkuchen-Szene; ich nenne sie so, weil andere Journalisten in der Begegnung mit Überlebenden ähnliches erlebt haben. Mitten im Gespräch, in einer Erinnerungswelt der Leichenberge, sagte Langbein plötzlich: »Nun ist Zeit für eine Pause.« Er holte ein Tablett, stellte Kaffee und Apfelkuchen vor mich hin, drängte mich zu essen. Beklommen folgte ich seiner Aufforderung. Langbeins erstes Buch über die Lagererfahrungen hieß »Die Stärkeren«. Der alte Mann erschien mir immer noch stark; wenige Monate nach unserer Begegnung verstarb er.

Als ich über Langbein schrieb, reduzierte ich unbewusst meine Sprache, verknappte meinen Stil auf das Kärgste. Als verböte die Wucht seiner Erfahrung jegliche Metapher.

Entsteht eine solche Intensität der Begegnung nur dort, wo wir mit uns selber ringen – weil wir den Überlebenden des Nationalsozialismus nicht einfach als neutrale Berichterstatter gegenüberstehen, sondern als Deutsche, als Nachkommen der Täter-Generationen? Schafft also ausgerechnet ein Gefühl von Schuld Nähe? Oder ist es der europäische Kontext der Begegnung – die Tatsache also, dass Opfer und Überlebende zu unserer Kultur gehören und wir ihnen deshalb zweifelsfrei Individualität zugestehen? Ich kann diese Fragen nicht beantworten. Ich kann nur Hinweise geben, wie sehr unser Umgang mit Leid und Sterben und mit den Überlebenden kulturabhängig ist.

Schauplatz Kambodscha.

Fast zwei Millionen Menschen starben hier in den vier Jahren eines totalitären agrarkommunistischen Experiments, das war zwischen 1975 und 1979. Wie alle Ausländer ging ich zuerst zu jener einstigen Schule, Tuol Sleng, die zum schlimmsten Gefängnis während der Schreckensherrschaft der Roten Khmer wurde. Diese Anlage nannte sich nun Museum, doch hatte sie wenig gemein mit den durchpädagogisierten und technisch perfekten Einrichtungen, die wir in Europa als Museen bezeichnen.

Ein Ort wie gefrorene Zeitgeschichte. Alles stand herum, wie eben verlassen. Durch ein offenes Fenster war eine Blüte hereingeweht, weiß lag sie auf dem rostigen Gestell eines Folterbetts. Eine schmierige Decke, eiserne Fußfesseln, der Batteriekasten für Elektroschocks. Nichts war hier arrangiert. Alles war einfach stehengeblieben. Von 14 000 Häftlingen, die in Tuol Sleng einsaßen, überlebten sieben.

Von draußen drang Kinderlachen herein. Kleine Mädchen tobten mit fliegendem Haar über die Wiese, ohne Scheu vor den Relikten des Grauens hier drin. Die Khmer-Rouge-Zeit hatte noch immer keinen Platz gefunden im nationalen Gedächtnis; in Tuol Sleng spürte man dieses Vakuum zuerst.

Das Gelände war umzäunt; vorher hatten sich Wohnungslose hier einquartiert, auch sie ohne Scheu – oder vielleicht gar ohne Wissen? Gegenüber stand eine neue prächtige Villa; ihre Besitzer blickten jeden Tag auf das Holzgerüst, von dem aus die Häftlinge kopfüber in einen Wassertrog gesenkt worden waren. *Waterboarding,* so würde das später genannt werden, im US-Gefängnis von Guantanamo.

Ich traf den Maler Vann Nath; seine Haare hatten das intensive Weiß der schockartigen Bleiche. Vann Nath war einer von jenen sieben Häftlingen, die Tuol Sleng überlebten. Er hatte im Gefängnis in der Tat um sein Leben gemalt, Bilder des Führers Pol Pot in Serie. Später dann, in Freiheit, malte er den Horror. Exakt realistische Bilder, vor denen man die Augen zusammenkneifen möchte wie ein Kind beim Gruselfilm: Die Technik des Armeinklemmens beim Herausreißen der Fingernägel.

Vann Nath, der Kambodschaner, wählte einen ganz anderen Weg als Josif Elgurt, der lettische Jude. Elgurt malte Katzen und Clowns; er verschloss das Furchtbare in sich. Aber als Person wirkte er nahbar, zugänglich; man spürte, wie verwundet er war, auch wenn er darüber nie sprach. Vann Nath malte den Horror wie einen fotografischen Beleg; doch zu seiner Person fand ich keinen Zugang. Dabei war er freundlich, lud mich ein auf die Dachterrasse seines Hauses. Doch gerade dieser freundliche, ein wenig müde wirkende Gleichmut erschien mir wie ein Panzer. Hätte er auf eine kambodschanische Journalistin anders gewirkt?

Zwar gab es einige wenige einheimische Wissenschaftler, die sich mit dem Genozid und seinen Folgen befassten, doch die Berichterstattung war fast ausnahmslos westlich. Und kaum ein

Text, in dem Vann Nath nicht aufgetaucht wäre; jeder Journalist ging zu ihm. Der Maler offenbarte wenig, aber er war einer der raren Überlebenden, die überhaupt sprachen. Er starb im Herbst 2011 an Herzversagen; wie krank er war, auch darüber hatte er wenig gesagt. Der Maler mit dem schlohweißen Haar wurde für die Medien das Gesicht der Überlebenden; zugleich blieb die Khmer-Rouge-Zeit seltsam gesichtslos, ein uns absolut fernes, ein »asiatisches« Verbrechen.

Ein Viertel der Bevölkerung verhungert oder erschlagen; der Tod war so allgegenwärtig im Land der *Killing Fields*. 1979 gingen die Menschen mit ihren zerstörten Seelen wieder aufs Reisfeld, flickten die Hütten aus Palmstroh. Der Nachbar, der Onkel war vielleicht bei den Khmer Rouge gewesen, auch er kam zurück, flickte seine Hütte, man sprach nicht viel. Und man schrieb fast nichts, in einem Land mit 40 Prozent Analphabeten. Heute sagen Ältere zu ungezogenen Kinder manchmal: Ihr benehmt euch wie die Khmer Rouge.

Es schien leichter zu sein, über diese sozialen Phänomene zu schreiben als über einzelne Überlebende; ein Portrait des Schweigens war eher möglich als Portraits von Sprechenden.

Der Kontrast zur Aufarbeitung des Holocaust könnte größer kaum sein. Die jüdische Antwort auf den Holocaust war Erinnerung: Das Wachhalten der Erinnerung, das Schreiben und Reden darüber als Akt der Katharsis – nichts davon in Kambodscha.

In der Nähe der berühmten Tempelanlage Angkor Wat lag touristische Geschäftigkeit wie eine dünne Decke über den Schrecken der Vergangenheit. Ältere Tempel-Führer behelligten den Gast nicht mit der Tatsache, dass sie rare Überlebende waren: der systematischen Ausrottung der Gebildeten entgangen. Und der junge Mann, der mich auf seinem Moped-Taxi herumfuhr, erwähnte nur beiläufig, dass die Khmer Rouge ihm die Eltern nahmen. Später brachte er mich zu einer buddhistischen Stupa voller Totenschädel. Das örtliche Killing Field; nicht weit davon ratterten die Busse zu den Zeugnissen der Hochkultur.

Ein Kambodschaner, der sein Moskitonetz zu laut annagelte, bekam von seinem Nachbarn ein Messer in den Rücken gestoßen. Der Dieb eines Mopeds wurde auf offener Straße gesteinigt. Auf Hochzeitspaare wurden Säure-Attentate verübt: symbolträchtige Zerstörung von Glück und Schönheit. »Die gesamte Bevölkerung, die vor 1975 geboren wurde, ist mehr oder weniger traumatisiert«, sagte mir der Leiter eines kleinen psycho-sozialen Dienstes. Der Verlust jeglichen Vertrauens in die Gemeinschaft, Furcht, krankhaftes Misstrauen – all das waren individuelle Symptome, die sich verdichteten zu einem kollektiven Bild, zum Bild eines kraftlosen Landes.

Nach dem Sturz Pol Pots im Jahr 1979 erhielten die weiterkämpfenden Khmer Rouge übrigens noch lange Unterstützung: aus dem Westen. Denn im Vergleich mit den Vietnamesen, die den Massenmord in ihrem Nachbarland damals durch Eroberung beendet hatten, galten die Massenmörder als das kleinere Übel. Strategische Entscheidungen, auf dem Schachbrett der Machtpolitik, die sich um Moral nicht scheren, genauso wie das Hochpäppeln der Taliban bzw. von deren Vorläufern, als sie noch gegen die Sowjetunion kämpften. Doch von solchen Dingen war nicht die Rede beim UN-gestützten Sondertribunal in Phnom Penh. Das Gericht verurteilte den ehemaligen Chef des Tuol-Sleng-Gefängnisses zu lebenslanger Haft; der erste Schuldspruch für eines der großen Verbrechen des 20. Jahrhunderts. Aber wird er in das Land des Schweigens mehr Gerechtigkeit bringen?

»Die westliche Vorstellung von der Überwindung der Vergangenheit ist immer eine Erzählung über die Vergangenheit«, sagt der kambodschanische Jurist Monychenda Heng; er erlebte als junger Mönch das Wüten der Roten Khmer, floh ins Ausland und leitet heute ein buddhistisch orientiertes Entwicklungsprogramm. »Der Buddhismus hilft uns, in der Gegenwart zu leben«, sagt er zum Thema Trauma. »Die Zeit ist eine große Heilerin.« Und nach den Gesetzmäßigkeiten des Karma, fügt er hinzu, könnten die Täter ihrem Schicksal ohnehin nicht entgehen. Der Buddhist, der in Harvard studiert hat, sucht nach einem Weg, wie Menschenrechte im Einklang mit kambodschanischer Kultur respektiert werden können. Und er relativiert eine Vorstellung von Gerechtigkeit, wie sie der Westen weltweit verficht (wenngleich nur dort, wo es nicht um eigene Schuld geht.)

Das ist ethisch und moralisch ein schwieriges Gelände. Es spricht ja zunächst alles dafür, weltweite Standards zu haben zum Ermessen und zur Ahndung von Verbrechen. Es spricht alles dafür, auf der Universalität der Menschenrechte zu bestehen und sie nicht kulturbedingten Vorbehalten auszusetzen. Denn wer diese Kultur jeweils prägt, wer sie definiert, das ist immer auch eine Frage von Macht. Dafür ist gerade Kambodscha ein Beispiel: Nach den ungesühnten Verbrechen der Vergangenheit ist in der Gegenwart eine »Kultur der Straflosigkeit« entstanden, unter der vor allem die Ärmsten leiden.

Und doch: Es gibt Unterschiede, die wir respektieren müssen, auch wenn sie uns verstören. Meine Besuche bei Überlebenden in Europa und Asien sind *auch* Besuche in unterschiedlichen Kulturen des Erinnerns. Wir mögen unsere Kultur »richtiger« finden, zumal wenn das öffentliche Erinnern erst erkämpft werden musste: Auch im Fall der Nazi-Verbrechen herrschte lange ein kollektives Beschweigen. Aber wir können anderen nicht aufnötigen, ständig so wie wir durch mentale Erinnerungslandschaften zu wandern.

Schauplatz Vietnam.
Bei uns denken die Älteren beim Stichwort Vietnam noch immer an Krieg. Der Protest gegen den Vietnam-Krieg hat in Europa die politische Generation der 68er geprägt; in den USA hinterließ der Krieg ein nationales Trauma. Als ich durch Vietnam reise, begegnet mir ein ganz anderes Phänomen: Der feste Wille, nicht zurückzublicken.
Drei Millionen Tote, vier Millionen Verwundete, ein verwüstetes Land – das war 1975 die Bilanz jenes Kriegs, der in Vietnam »Der amerikanische Krieg« heißt. Für viele junge Vietnamesen scheint er heute nur eine ferne Legende. Ihre Eltern lehrten sie weder erinnern noch hassen – obwohl nahezu jede vietnamesische Familie einen stillen Schmerz hütet um verlorene Väter, Söhne, Töchter.
Im einstigen Südvietnam erlebte ich die Abwendung von der Vergangenheit als besonders schroff. Dort kämpfte manchmal der Sohn gegen den Vater, ein Bruder gegen den anderen. Auf meine Frage, wie in solchen Familien Versöhnung entstehen konnte, hörte ich die Antwort: Es sei über das Vergangene nicht viel gesprochen worden. »Wir müssen vergessen«, sagte mir ein viel gelesener Jugendbuch-Autor. Es sei falsch, Schulklassen ins Kriegsmuseum zu schicken. »Warum sollten wir die Jugendlichen mit Informationen über den Krieg belasten? Wir Vietnamesen führen Krieg um jeden Preis, wenn wir dazu gezwungen werden, aber wir führen auch Frieden um jeden Preis.«
Große getigerte Schmetterlinge schwebten über einem Steinpfad, an dessen Ende ein Mahnmal stand. My Lai: der Name eines Dorfs, er wurde zum Synonym für Massaker. Das Mahnmal, eine Figurengruppe, erinnerte mich an polnische KZ-Gedenkstätten: Eine Mutter mit zum Himmel gereckter Faust, im anderen Arm schlaff das tote Kind. Trauer, heroisiert. Manche Kinder starben mit dem Frühstücksreis im Mund, an

jenem Märzmorgen 1968, als die Amerikaner das Dorf angriffen. Von den 504 Opfern waren 76 Säuglinge. Für ein Kriegsverbrechen, das sich ins Gedächtnis der Welt eingegraben hat, ist die Gedenkstätte sehr bescheiden.

Mein Versuch, unter den einfachen Dorfbewohnern Zeitzeugen zu finden, wurde von den Behörden vereitelt: Unkontrollierte Gespräche waren nicht erwünscht, und für arrangierte Interviews sollte ich bezahlen. Die Umstände ließen vermuten, dass das Geld nicht den Zeitzeugen zugute gekommen wäre, sondern den Arrangeuren; also verzichtete ich – und behalf mich mit dem Leiter der Gedenkstätte. Er schrieb sich meine Fragen umständlich auf, um für die Antworten Zeit zu gewinnen. Pham Thang Cong war 11, als seine ganze Familie umgebracht wurde. Hasste er die Amerikaner? »Das Ziel, unser Land zu entwickeln, ist größer als meine persönlichen Gefühle«, sagte er gestelzt.

Später, als er den offiziellen Teil des Gesprächs für beendet hielt, erzählte er mir, wie furchtbar es gewesen sei, als kleiner Junge in einem Krieg ganz alleine zu sein, ohne Liebe, ohne Angehörige. »Von vielen Familien ist niemand übrig, um die Räucherstäbchen anzuzünden«, sagte er bitter. Für die Vietnamesen, fügte er hinzu, bringt erst die Verehrung der Ahnen den Toten ihre Ruhe.

Die Bemerkung des Gedenkstättenleiters veranlasste mich, einem Phänomen nachzugehen, das sich mit der europäischen Vorstellung von Kriegsgräberfürsorge nur sehr unzulänglich erfassen lässt. Durch einen Hinweis des Goethe-Instituts in Hanoi fand ich eine Vietnamesin, die mich einweihte in die Geschichte ihrer Familie und in die große, tausendfache Suche nach den Toten.

Der Bruder von Frau Binh fiel im Hochland an der Grenze zu Kambodscha. Ein Kamerad beschrieb die Stelle: ein Weg, ein Fluss, eine Brücke. Zehn Jahre lang suchte die Familie dort vergeblich, dann wandte sie sich an Wahrsager. Vietnamesen glauben, dass die Seele weiterlebt nach dem Tod; nur spezielle Wahrsager verfügen über die Gabe, den Kontakt zwischen dem Verstorbenen und seinen Angehörigen zu vermitteln. Frau Binh fuhr tausend Kilometer durchs Land zu einem solchen Spezialisten – der Andrang war so groß, dass sie unverrichteter Dinge zurückfahren musste. Ihr Vater stand schließlich tagelang mit Hunderten Schlange vor der Tür eines Experten, »bis der Sohn ihn rief«. Der Wahrsager malte einen Lageplan; »wir fanden dort auch etwas«, sagt Frau Binh. Etwas. Über ein anderes Medium teilte der Sohn der Mutter mit, er wolle nicht nach Hause, sondern bei seinen Kameraden bleiben; so wurde er auf einem Soldatenfriedhof nahebei begraben.

Die Seelen der Verstorbenen beschützen die Nachkommen, sagen die Vietnamesen. Früher wurden Tote sogar mitten im Reisfeld begraben, damit sie über die Ernte wachen. Eine Familie, die nicht weiß, wo ihre Toten sind, fürchtet Unglück für Generationen.

Offiziell kennt Vietnam kein Pendant zum »Vietnam-Syndrom« US-amerikanischer Veteranen, denn der Krieg war siegreich, gerecht und heroisch. Dass manche alte Frontsoldaten in ihren Albträumen immer noch durch Tümpel von Blut waten oder zum Entsetzen ihrer Angehörigen nachts mit Kampfesschreien ums Dorf kriechen, ist ein wohlgehütetes Tabu. Schmerz und psychische Qual bescheiden im Innersten zu verbergen, gilt als vietnamesische Tugend.

1991 erschien der Roman »Die Trauer des Kriegs«: Erstmals beschrieb ein vietnamesisches Buch den Krieg nicht aus der Sicht der Nation, sondern aus der Sicht des einzelnen Soldaten; den Horror, die Zweifel, die seelische Verödung. Ein poetisches, brutales Werk, gespeist aus den Kriegstraumata des

Autors, Bao Ninh, der als 17jähriger in den Krieg gezogen war. Sein Buch ist bis heute umstritten; Lehrer sollen es nicht im Unterricht benutzen: zu subjektiv.

Für jene, die an der demokratischen Erneuerung Vietnams arbeiten, ist die Verarbeitung der Kriegserfahrung indes fundamental für die Zukunft des Landes. »Die Anerkennung des Individuums«, sagte mir ein vietnamesischer Intellektueller, »ist der Schlüssel zur Erneuerung Vietnams.«

Die Anerkennung des Individuums – immer wieder führen alle Wege, alle Gedankenwege darauf zurück. Nun sogar in Vietnam. Muss das Individuum nicht auch im Mittelpunkt von jeglichem Journalismus stehen, der sich mit massenhaftem Sterben befasst? Auch wenn die jeweiligen Kulturen das nicht überall gleichermaßen begünstigen? Denn die Intimität der individuellen Begegnung stellt einen Menschen heraus, der – bei aller kulturellen Verschiedenheit – mit dem Betrachter doch die wichtigsten Grundzüge von Menschsein teilt. Und so entsteht erst die Voraussetzung für Mitgefühl, für Sich-Hinein-Versetzen-Können.

Doch die Produktion der Nachrichten vom globalen Geschehen hat oft einen gegenteiligen Effekt. So massenhaft wird in fast jeder Nachrichtensendung gestorben, dass nur die jeweils höheren Totenzahlen einer Meldung mehr Gewicht zu geben scheinen. Die Moderatorinnen von *CNN* drechseln ihre Sätze bereits so, dass sie mit dramatisch akzentuierten Todeszahlen beginnen, bevor der Zuschauer erfährt, um welches Land es sich handelt; die Ursache des Konflikts bleibt meistens ohnehin im Dunkeln. Und wie oft haben wir in deutschen Nachrichtensendungen den Satz gehört: »Auf einem Markt in Bagdad...«, dann die Zahl der Toten. Die einzige Folge solcher Nachrichten ist: Verrohung. Wir können es nicht mehr hören; das Sterben auf einem Markt in Bagdad ödet uns an.

Statt einer geistigen und emotionalen Brücke zu einem geografisch fernen Leid entsteht das Gegenteil: Abwendung, emotionale Distanzierung von Schauplätzen, Ländern, Kulturen, Kontinenten, wo die Menschen anscheinend in einer ununterbrochenen Abfolge chaotischer Szenen leben. Und wo sie folglich zum Leben und Sterben ohnehin eine völlig andere Einstellung haben als der Zuschauer im zivilisierten Europa. Diese Art der Nachrichten formt ein Menschenbild, in dem die Leidenden, Sterbenden, Überlebenden vor allem als die ganz Anderen erscheinen. Diese ganz Anderen stehen vor der Ruine eines Hauses und sagen Sätze wie: »Ich habe meine ganze Familie verloren.« Schnitt. Leid und Leidtragende werden zeitsparend zur Schau gestellt, und der Zuschauer eilt an diesem Leid vorüber wie an einem Schaufenster. Er kann nur Voyeur sein, ob er will oder nicht.

In ganzen Weltgegenden wurde das Sterben auf diese Weise bereits gleichgeschaltet und entindividualisiert. Und es sind nicht zufällig manchmal genau jene Regionen, in denen es nach westlicher Auffassung zulässig ist, mit Drohnen Terror-Verdächtige auszuschalten, besser gesagt: ohne Gerichtsverfahren hinzurichten, wie etwa im Jemen oder in Afghanistan.

Um nicht missverstanden zu werden: Ich glaube nicht an ein *Mastermind*, das die Medien der Welt koordiniert mit US-Militärstrategien. Aber es gibt ein Wechselspiel zwischen den medial eingeübten Gewohnheiten, die Bewohner eines Landes auf eine bestimmte Weise zu sehen, und den Strategien, die für dieses Land als akzeptabel gelten, auch wenn sie anerkannte Rechtsgrundsätze verletzen. Medien können Wegbereiter für den Tabubruch sein, und ihre Berichterstattung macht den Tabubruch wiederum zu einer Alltäglichkeit.

»Anyone here been raped and speaks English?« So lautet der Titel eines Buchs des US-Journalisten Edward Behr, er schrieb über seine Erfahrungen als Berichterstatter in Asien. Nur milde satirisch zugespitzt erfasst dieser Titel, wie manche Journalisten in Kriegs- und Konfliktgebieten vorgehen. Behrs Bericht spielt in den Jahren nach 1970; es ist also keineswegs neu, wenn Betroffene, Leidende, Opfer auf einen Objektstatus reduziert werden, als Objekt medialer Nützlichkeit. Was früher allerdings dem Zynismus einzelner Journalisten zuzuschreiben war, ist heute durch das Gebot einer immer schnelleren Berichterstattung quasi ein institutioneller Zwang geworden.

Alles muss »für etwas stehen«, die knappe Sendezeit, die knappe Recherchezeit verlangen stets ein »pars-pro-toto«-Denken. Gezeigt wird ein Mensch, ein Flüchtling, ein Augenzeuge, er darf einen Satz sagen, und es wird nahegelegt, dass dieser Mensch fürs große Ganze, für eine Tendenz stünde. Der Zuschauer ist bereits darauf dressiert: den Einzelfall sehen und ihn für die Gesamtheit halten. Dabei ist der Einzelfall oft nur pure Illustration: Jemand, der gerade verfügbar war im Flüchtlingslager; jemand, der bereit war, einen Satz vor der Kamera zu sagen; jemand, der eine Sprache sprach, die der Dolmetscher des Fernseh-Teams verstand.

Surabaya, eine Stadt in Indonesien.

Heißer Dunst lag über dem Hafen. Kommandoschreie, Lautsprechergetöse. Ein Schiff entlud seine menschliche Fracht auf den glühenden Pier. Es waren Tausende auf dem Kopf Habseligkeiten in Reissäcken balancierend, auf dem Rücken ein Kochtopf, eine Decke. In den Augen Verstörung. Seit Tagen trafen sie in diesem Hafen der Großinsel Java ein; Geflüchtete aus Kalimantan, im indonesischen Teil Borneos, zwei Tage Seereise entfernt.

Sie kamen aus einem Albtraum, und deshalb standen wir Journalisten auf diesem heißen Pier. Um aus einem Albtraum eine Nachricht zu machen. Oder eine Reportage.

Was war geschehen? In Kalimantan hatten Dayak, die alteingesessenen Bewohner der Region, gegen die zugewanderten Maduresen gekämpft. Zwei Wochen tobte ein Mob, hunderte Maduresen starben, tausende ihrer Häuser gingen in Flammen auf. Doch es war nicht die Zahl der Toten, die den Blutwochen von Borneo kurzzeitig einen Platz im weltweiten Nachrichtengeschehen sicherte. Sondern es war der plötzliche, rätselhafte Einbruch von Archaischem in einen Konflikt der Gegenwart. Angehörige der Dayak-Volksgruppe, die überwiegend christlichen Glaubens ist, hatten die Köpfe ihrer muslimischen Opfer wie Trophäen gesammelt.

Endlos erschien mir der Zug der Unglücklichen auf dem glühenden Pier. Familien hielten einander an den Händen umklammert, um nicht auseinander gerissen zu werden im Gewühl. Die meisten waren barfuß; den leeren Blick starr geradeaus gerichtet, liefen sie geschwächt und desorientiert durch eine lärmende Gasse politisierter Mildtätigkeit. Parteien und islamische Massenorganisationen hatten Stände am Hafen aufgereiht; ihre schweißüberströmten Helfer wetteiferten beim Verteilen identischer Snackpäckchen und Wasserflaschen.

Absurd das Unterfangen, unter diesen Bedingungen zu recherchieren, etwas erfahren zu wollen. Ein junger Mann, den ich im Zelt einer Hilfsorganisation befragen konnte, sagte über die Täter: »Es waren unsere Nachbarn.« Das ist ein Satz, unter dem der Boden aufreißen müsste. Doch man steht da und kritzelt ihn dumm in den Notizblock. Die Flüchtlinge wurden am Nachmittag schon weiter transportiert. Niemand hielt sich mit Traumata auf, es ging um die Versorgung mit dem körperlich Nötigsten.

Die Ursache des Horrors, den die Ankömmlinge erlebt hatten, ließ sich nicht erklären in den 20, 30 Sekunden, die eine Kamera brauchte, um den Treck der Unglücklichen nachrichtenmäßig abzubilden. Denn es galt zu berichten von einem missratenen Entwicklungsmodell, das die neuen und die alten Bewohner Kalimantans wie Feinde gegeneinander positioniert hatte. Riesige Wälder wurden parzelliert, die Konzessionen für Kahlschlag und Plantagenwirtschaft an die profitsüchtige Business-Elite der Hauptstadt Jakarta vergeben. Die wiederum bevorzugte auswärtige Arbeitskräfte. Neusiedler bekamen Land und Lebensmittel geschenkt, während die traditionellen Nutzer, die Dayak, systematisch vertrieben wurden.

Lange hatten sie mit friedlichen Mitteln gegen diese Marginalisierung gekämpft, nur hatte das niemanden interessiert. Erst als sie zum Terror griffen und die Kopfjagd ihrer Vorfahren kopierten, wurden die Dayak interessant – als exotische Monster, in einem archaischen Blutrausch.

Eine Begegnung mit dem Extremen. Immer bleibt Unerklärliches: der Abgrund, in den menschliches Verhalten stürzen kann, ob in Indonesien, Kambodscha, Ruanda oder in Auschwitz.

Doch solange wir in den Tätern etwas von uns selbst erkennen, suchen wir instinktiv nach Brücken über den Abgrund: nach einem rational nachvollziehbaren Tatmotiv, vielleicht sogar nach mildernden Umständen. Wir versuchen, um unserer selbst willen, zu verstehen. Doch dieses Verständnis ist, wenn es um Geschehnisse im globalen Süden geht, oftmals einfach nicht gewollt. Nichts soll den Abgrund überbrücken, denn wir haben mit denen auf der anderen Seite nichts gemein. Ein Experte oder ein Journalist, der einen ethnisch ausgetragenen Konflikt als Kampf um Ressourcen erklärt, wird leicht der Verharmlosung beschuldigt. Als könne die schonungslose Wahrheit nur lauten: Diese Menschen sind einfach von Natur aus böse und primitiv!

Es gibt einen direkten Bezug zwischen der Wahrnehmung

der Überlebenden und der Wahrnehmung der Täter. Solange uns Opfer und Überlebende nicht in ihrer Individualität, ihrer unverwechselbaren Persönlichkeit gegenübertreten, liegt die Annahme nahe, dass die Verbrechen in dieser Kultur einfach üblich seien. Wenn uns schon der Überlebende fremd ist, ungeeignet für Empathie, dann muss der Täter ein Monster sein, nicht von unserer Gattung.

Die wenigsten Individuen sprechen aus Afrika zu uns. So wie es generell fast keine Portraits von Afrikanern gibt. Sie scheinen uns als Persönlichkeiten wenig zu interessieren. Leben und töten, sterben und überleben scheint in Afrika immer eine kollektive Angelegenheit zu sein.

Afrikanische Beziehungen

Über eine Liebe und über die Suche nach Worten. Sich weiß fühlen. Ein Streik jenseits unserer Maßstäbe

Das Abendlicht hatte an den Himmel über Timbuktu rosafarbene Federn gesteckt. Rosa der Himmel, alles andere changierte in Beige und Braun. Eine Ziegenherde wirbelte Staub auf, und als er sich senkte, fiel über diese sandfarbene Stadt eine sandfarbene Dämmerung. Vor dem Lehmbau der Sankoré-Moschee hatten sich Männer plaudernd auf dem Boden ausgestreckt, der Sand verschluckte ihre Stimmen. Murmelnd versank Timbuktu in einer frühen Nacht.

Am Tag lag ein bleiches, ereignisloses Licht über diesem Ort, der seit zwei Jahrhunderten europäische Mythen inspiriert. Timbuktu, im Osten Malis, am Südrand der Sahara, war stets eine Metapher für äußerste Ferne, für Unerreichbarkeit. Eine Metapher auch für das Unbekannte jenseits der Grenzen der Zivilisation, unserer Zivilisation.

Für Afrikaner ist die Unerreichbarkeit anderswo, und die Pfade hin zu dieser anderen Unerreichbarkeit beginnen heutzutage nicht weit von hier: Es sind die Pfade der Migration nach Europa, durch die tödliche Weite der Wüste. So lehrt Timbuktu: Es ist entscheidend, aus welcher Richtung man auf die Welt blickt und sich seine Mythen macht.

AFRIKANISCHE BEZIEHUNGEN

Aus afrikanischer Sicht war Timbuktu niemals das Ende der Welt, war vielmehr ein Zentrum, ein Zentrum der südlichen Welt, eine Hochburg des Handels, eine islamische Universitätsstadt. Wo sich das Niger-Delta und die Wüste begegneten, kreuzten sich die Highways der Zeit: Aus dem Norden kamen die Karawanen, über den Fluss kam das Gold Westafrikas. Den Händlern folgten die Gelehrten; Timbuktu war ein kosmopolitischer Ort.

Als ich Timbuktu in seiner sandfarbenen Stille kennenlernte, waren die Erschütterungen noch nicht zu spüren, die später den Nordosten Malis heimsuchen würden: Bewaffnete Gruppen, Al-Qaida nahe stehend, besetzten die Region und fügten der langen islamischen Geschichte Timbuktus ein dunkles Kapitel hinzu. Als sie die Grabstätten von Sufi-Heiligen zerstörten, an denen das Herz der örtlichen Bevölkerung hing, bewegten sie sich unwissentlich in jenem Dreieck der Perspektiven, das für diesen Ort so charakteristisch ist: Afrika, der Westen, der Islam – wie sehen wir einander? Der Westen hat für das steinerne Kulturerbe des Islam mehr Wertschätzung als für die lebendigen Muslime; die Islamisten wollen sich Weltkultur nicht vom Westen definieren lassen, und für die örtlichen Verehrer der Heiligen ist deren Segen ohnehin wirkmächtiger als ein Unesco-Prädikat.

Mit gleichmütigem Stolz hatten die Leute von Timbuktu vorher registriert, welcher Rummel neuerdings um etwas entstanden war, was sie immer schon besaßen: die älteste Bibliothek südlich der Sahara. Bis zurück ins 13. Jahrhundert reichen die arabischen Handschriften, derentwegen nun Staatspräsidenten, Forscher, Abgesandte großer Stiftungen ungelenk durch Timbuktus Sand stapften. Mehr als 100 000 Manuskripte über islamisches Recht, Philosophie, Medizin, Astronomie, Mathematik.

Timbuktu sollte ein Ort auf der geistigen Landkarte der afrikanischen Renaissance werden, der Besinnung Afrikas auf seine Kultur und seine Stärken. Das war die Hoffnung von Südafrikas vormaligem Präsidenten Thabo Mbeki; er ließ für die Manuskripte eine neue Bibliothek errichten, denn es gelte, »Afrika anzuheben nicht nur in den Augen der Welt, sondern auch der Afrikaner selbst.«

Für eine Reflexion über den Versuch, nicht weiß zu schreiben, ist Timbuktu also der richtige Ort. Unser Blick auf Afrika und der Blick der Afrikaner auf sich selbst – das ist eine Herausforderung, so komplex wie keine andere auf dem Feld interkultureller Annäherungen. Bevor ich mit eigenen Recherchen in Afrika begann, sah ich vor allem die materielle Benachteiligung des Kontinents, die Strukturen des Welthandels, der Rohstoffmärkte. Ich hatte keine Vorstellung davon, welche gewaltigen geistigen und psychischen Spätfolgen Sklavenhandel und Kolonialzeit hinterlassen haben. Wie vorbelastet, auch bei besten individuellen Bemühungen, unsere Betrachtung Afrikas ist – und wie beschädigt zugleich das Selbstbild vieler Afrikaner.

Timbuktu vermittelt von all dem eine erste Ahnung. Arabisch hat in Teilen Afrikas einmal eine ähnliche Rolle gespielt wie Latein im europäischen Mittelalter, war über Jahrhunderte eine Schriftsprache von Eliten. Für diese gelehrte Tradition war es vernichtend, dass die Franzosen Westafrika das Französische aufzwangen. Aber ist dies der alleinige Grund, wenn junge Afrikaner von heute nichts davon wissen, dass es überhaupt ein vorkoloniales Lesen und Schreiben gab? Warum wird so wenig afrikanisches Wissen weitergegeben, von Afrikanern an Afrikaner? Warum muss so vieles einen Umweg über Europa, die USA oder Kanada machen, um dann, scheinbar westlich veredelt, in Afrika als wertvoll anerkannt zu werden?

In Südafrika ließ das Erziehungsministerium Schulbücher und Curricula überprüfen; der Befund: Afrikas Platz in der Weltgeschichte wird südafrikanischen Schülern aus einer »überwältigend eurozentrischen« Sicht vermittelt. Immer mehr wird mir auf meinen Reisen eine Wirkungskette bewusst, die aus der tiefen Vergangenheit in die Gegenwart reicht und die Zukunft blockiert: die kulturelle Entfremdung der Afrikaner von sich selbst, die Deformation des Selbstbilds, der Mangel an Selbstachtung und daraus resultierend ein Mangel an Kraft, sich Achtung neu zu verschaffen. Eine psychologisch so verknotete Situation, dass es fast unmöglich scheint, einen soliden Ausgangspunkt für faire Darstellungen zu finden.

Für meine persönliche Suche nach einem derartigen Ausgangspunkt spielte Timbuktu in mehrfacher Hinsicht eine Rolle, denn für mich war der Islam eine Brücke nach Afrika. Vielleicht ein ungewöhnlicher Zugang; obwohl der Islam auf dem Kontinent schon seit 1 000 Jahren heimisch ist, will er immer noch nicht ins westliche Afrika-Bild passen. Es bedarf keines Scharfsinns, um zu erraten, dass uns das christliche Afrika natürlicher erscheint, weil die Missionare ihr Werk meist einen Schritt vor oder hinter der kolonialen Eroberung verrichteten.

Timbuktu war hingegen von Beginn an, seit seiner Gründung im frühen 12. Jahrhundert, islamisch. Später verkörperte die Stadt als Gelehrtenzentrum die Islamisierung Afrikas ebenso wie die Afrikanisierung des Islam. In Malis Nationalmuseum fand ich dazu einen bemerkenswerten Satz: Mit der Entstehung einer einheimischen Klasse muslimischer Gelehrter »hörte der Islam auf, eine Religion fremder Weißer zu sein und wurde eine afrikanische Religion.« Fremde Weiße: Das waren die Araber.

Timbuktu wird heute von fast allen Ethnien Malis bewohnt, mehrheitlich jedoch von den Songhai, unter deren Herrschaft die Stadt einst ihre Blüte erlebte. Heinrich Barth, der deutsche

Afrika-Forscher, beschrieb die Geschichte ihres Reiches, nachdem er 1853/54 in Timbuktu alte Handschriften studiert hatte; Barth korrigierte damit als erster Europäer das Bild von Afrika als einem geschichtslosen Kontinent. Doch seltsam, die Besucher von heute fasziniert in diesem multiethnischen Timbuktu nur eine einzige Gruppe: die Tuareg, genauer gesagt, deren hellhäutige Oberklasse, die zu edlen Rittern der Wüste verklärt werden.

Wieder stößt man darauf, wie komplex die wechselseitigen Zuschreibungen sind. Die Tuareg leisteten der französischen Kolonialmacht lange Widerstand und weigerten sich später, ihre Kinder auf die französische Schule zu schicken. Die Abwehr kultureller Überfremdung bezahlen sie bis heute mit einem Rückstand an moderner Bildung. Immer wieder haben sich Tuareg in bewaffneten Rebellionen erhoben; im Frühjahr 2012 erklärten sie gar den gesamten Norden Malis für unabhängig, obwohl sie dort nicht mehr als ein Drittel der Bevölkerung ausmachen, begingen Plünderungen, vergewaltigten. Der europäische Blick auf die Tuareg, die Bewunderung ihres stolzen, oft auch herablassenden Auftretens unterscheidet sich beträchtlich vom Blick im Lande selber.

Mich interessierte das andere Timbuktu, ich nenne es hilfsweise das »schwarze«. In einer ärmlichen Koranschule saßen auf dem blanken Boden Jungen und Mädchen, die gleichfalls Tamashek sprachen, die Sprache der Tuareg. Die Kinder waren die Nachkommen schwarzer Tuareg-Sklaven. Und obwohl an diesem Ort schon vor Jahrhunderten dem Rassismus aus islamischer Sicht philosophisch und religiös widersprochen wurde, haben bis heute Elemente von Sklavenmentalität und Sklavenhalterdünkel überlebt.

Schwarz und weiß – in wie vielen Varianten ziehen sich Obsessionen und Hierarchien durch die Welt, die sich an der

Hautfarbe festmachen? Wir haben kein Monopol auf das Weiß-Sein, das sahen wir schon in Papua, wo die Indonesier für die Melanesier die Rolle der Weißen spielen. Auf alten siamesischen Darstellungen wird die Schönheit einer Frau durch ihre knitterweiße Haut markiert, und bis heute verachtet die sich weiß fühlende Bangkoker Elite die Armen aus dem Norden auch wegen ihres Teints. Im multiethnischen Malaysia fand ein indisch-stämmiger Arzt Gefallen daran, seine chinesischen Patientinnen vor der Operation besonders großflächig mit braunem Desinfektionsmittel anzumalen – um ihnen ihren Stolz auf die porzellanweiße Haut wenigstens einmal heimzuzahlen.

In Malaysia sah ich auch zum ersten Mal in den Regalen der Drogerien jene zahllosen Präparate, die ein Aufhellen der Haut versprechen. Im Senegal, wo durch 300 Jahre französisch-kolonialen Einfluss die Orientierung auf Europa besonders stark ist, traf ich später Frauen, die ihre Arme und Dekolletés mit einer Art Beize malträtiert hatten. Die stark beschädigte Haut hatte nun die Farbe fleckigen, trüben Milchkaffees und erschien den Frauen offensichtlich schöner.

Der »schwarze Kontinent«: ein nicht auszurottender Begriff. Wie tief sitzt das alles in unserem Denken, in unserem Unbewussten. Hegel nannte Afrika ein »Kinderland«, »in die schwarze Farbe der Nacht gehüllt«. Wenn ein Afrikaner vom schwarzen Kontinent redet, ist daran sein kolonisiertes Selbstbild zu erkennen. Oder seine Hilflosigkeit: Ihm fehlen die Worte. So wie mir – anders als mir.

Tatsächlich beginnt die Herausforderung, über diesen unendlich vielfältigen Kontinent zu schreiben, schon bei der Wahl der ersten Worte. Afrika und die Afrikaner: Das sind meist haltlose Verallgemeinerungen, hinter denen wir verbergen, wie wenig wir eigentlich wissen. Und doch ist gerade in den Medien der Druck allgegenwärtig, jedes Phänomen, jedes einzelne afrikanische Land auf ein »Afrika« hin zu generalisieren. Denn kaum ein Land – mit Ausnahme der Republik Südafrika – kann für sich allein genug Geltung, genug eigenständiges Interesse an seiner Kultur und Gesellschaft beanspruchen, um so behandelt zu werden wie etwa Dänemark oder Kirgisistan. In Afrika ist überall Afrika. Pars pro toto.

Alles, was hier vorher über globale Trugbilder und interkulturelle Täuschungen gesagt wurde, scheint sich am Beispiel Afrika zu potenzieren. Von einem Korrespondenten-»Netz« kann erst gar nicht die Rede sein: Ein Berichterstatter ist im Durchschnitt für 33 Länder zuständig, viele Kollegen berichten gar über alle 48 Länder südlich der Sahara. Der einzelne Korrespondent trägt folglich die geringste Schuld an der Verewigung des stereotypen Krisen-und-Krieg-Bildes von Afrika. Als dessen Bewahrer fungieren eher die *gatekeeper,* jene Redakteure und Programmmacher, die entscheiden, welche Partikel afrikanischer Wirklichkeit das Nadelöhr zum Publikum passieren dürfen.

Noch nachhaltiger wirkt auf unser Afrika-Bild die Unterhaltungsindustrie, all jene Afrika-Spielfilme, in denen Afrikaner nur Statisten in weißen Ehe- und Ärztedramen sind. Die Statisten treten als zwei Prototypen auf, die wiederum erstaunlich ähnlich auch die politischen Sendungen bevölkern. Typ A: das personifizierte Böse, der Wilddieb/Rebell/Entführer mit Jeep und Maschinenpistole. Typ B: der liebe Afrikaner, gerne auch weiblich. Die junge Krankenschwester, die großmütterliche Hausangestellte, respektvoll, loyal, fast immer christlich. Das Pendant dazu im politischen Magazin ist der gelehrige Jünger in einem Entwicklungshilfe-Projekt.

Als dritte Instanz zur Wahrung des Afrika-Bildes wären die Hilfsorganisationen zu nennen, deren Werbetafeln uns fliegenverklebte riesige Kinderaugen aufzwingen. Schwarzes Elend schaut dich an! Nur eines ist in all diesen Darstellungen selten: Ebenbürtigkeit. Eine Beziehung auf Augenhöhe. Menschen, die Respekt verdienen, nicht Mitleid.

Eine Entmündigung anderer Art, im Gewand vorgeblicher Solidarität, ist jene Afrikatümelei, die sich oft in den Schriften wohlmeinender, entwicklungspolitisch engagierter Reisender findet. Sie führen jeden Missstand auf koloniale Schuld zurück und vergleichen ihn flugs mit einem noch größeren Missstand in der nördlichen Welt. Wieder sind Afrikaner nur Opfer, nicht Gestalter ihres Schicksals in eigener Verantwortung.

Zweifellos stehen die kulturellen und strukturellen Zerstörungen während der kolonialen Epoche am Anfang einer Wirkungskette; doch sind im Afrika von heute aus den geistigen und psychischen Folgen längst endogene, hausgemachte Faktoren geworden. Vom beschädigten Selbstbild, wie es von einer Generation an die nächste weitergegeben wird, profitieren die korrupten Eliten, denen sich so erstaunlich wenig Widerstand entgegen stellt. In gewisser Weise nützt das beschädigte Selbstbild auch ganz individuell jedem einzelnen Angehörigen dieser Eliten, die in ihrer Raffgier oftmals noch gewissenloser zu sein scheinen als Ihresgleichen in anderen Kontinenten: Es mangelt ihnen so vollständig an Schamgefühl, dass sie sich tatsächlich alles erlauben können.

Die Schamlosigkeit der Mächtigen und die unfassbare Geduld der Ohnmächtigen, das ist für mich die größte Herausforderung, intellektuell und emotional. Zu verstehen, warum die Verhältnisse so sind – und zu erspüren, wo Verständnis angebracht ist und wo es zu enden hat. Was ich zuvor in anderen Kulturkreisen gelernt habe, nützt mir in Afrika wenig. Die Hürden der eigenen Prägung zu überwinden, fällt mir hier schwerer. Nirgendwo anders war ich so heftig mit mir selbst konfrontiert, mit Gefühlen, mit Abwehr und auch mit dem Drang, zu verurteilen, bevor man etwas verstanden hat. Und nirgendwo anders quälten mich so häufig die allergrundlegendsten Fragen: Was ist real? Was ist wahr? Was ist richtig?

Wenn man sich einem analytischen Journalismus verpflichtet, hat man gelernt, die eigenen Gefühlen niemals ungefiltert zu Papier zu bringen. Das erspart mir nicht die Erkenntnis, wie viele urrassistischen Impulse ich in mir trage – wie wahrscheinlich jeder, der mit Spielen wie »Wer hat Angst vorm schwarzen Mann?« aufgewachsen ist. Die Voraussetzung für eine gelingende interkulturelle Begegnung ist in Afrika dieselbe wie anderswo: Im Gegenüber stets das Individuum zu sehen, mit dem man trotz kultureller Fremdheit die existenziellen menschlichen Impulse und Bedürfnisse gemein hat. Nur scheint es hier besonders schwer, diese Voraussetzung zu erfüllen.

Bei meiner ersten Recherche in Mali lernte ich Tiècoura Traoré kennen, einen Eisenbahningenieur. Wir wurden später ein Paar, ein Paar auf zwei Kontinenten. Tiècoura hatte in der Sowjetunion studiert und war lange ein leitender Kader der malischen Eisenbahn. Weil er sich deren Privatisierung widersetzte, wurde er entlassen – ein politischer Fall. So lernten wir uns kennen; ich traf ihn für ein Interview.

Ein heißer Juli-Nachmittag in Bamako, Malis Hauptstadt. Die Uhr am Bahnhof war stehen geblieben, das Tor zur Wartehalle abgeschlossen, der Vorplatz öde und leer. Ein Personenzug kam nur noch zweimal in der Woche; Gras rankte sich um die Schienen. Die Bahn, auf Drängen der Weltbank privatisiert, gehörte nun einem französisch-kanadischen Konsortium, und der neue Besitzer hatte den Betrieb auf die denkbar einfachste Weise saniert: Cargo ist profitabler als Mensch. Die meisten Bahnhöfe entlang der Strecke wurden geschlossen, viele Dörfer einfach abgehängt. Ein Jahrhundert lang hatte sich entlang der

Strecke des Dakar-Niger-Express das Leben im Takt der Züge entwickelt; nun rauschten sie gleichgültig vorbei, Kleinhandel, Märkte, Gewerbe verkümmerten.

Auf dem gespenstisch stillen Bahngelände fand ich Tiècoura zwischen umher staksenden Ziegen im Schatten eines Baums, auf dem Schoß einen Laptop, ein Solidaritätsgeschenk französischer Eisenbahner. Unter den Entlassenen war Tiècoura der Prominenteste, der promovierte Kopf des Widerstands. Und obwohl er nun schon drei Jahre arbeitslos war, nannten ihn seine ehemaligen Kollegen immer noch »den entlassenen Doktor«, wie mit frischem Erstaunen, dass eine höhere Charge auf Seiten der Unterdrückten gelandet war. Die Eisenbahn, eines der raren nationalen Güter, ins Ausland zu verkaufen »wie einen Sack Nüsse«, das war für Tiècoura unvereinbar mit der Souveränität seines Landes, mit dem Geist einer Republik. Für seine Überzeugung, eine Art linker Patriotismus, zahlte er einen hohen Preis.

Ich machte damals eine Recherche über Modelle von Basisdemokratie in Mali, das war der Anlass unseres Treffens. Tiècoura hatte ein Bürgerkomitee für die Rückerstattung der Eisenbahn ins Leben gerufen, faktisch ein Netzwerk entlang der Schiene, in dem Geschädigte, Entlassene und Erzürnte über eine Entwicklung beratschlagten, die sich am Menschen statt am Profit orientieren sollte. Eine soziale Bewegung neuen Typs, zwischen Gewerkschaft und Nichtregierungsorganisation.

Weil in Mali stets pünktlich Wahlen abgehalten wurden, die friedlich verliefen, galt das Land bei ausländischen Beobachtern lange als afrikanische Vorzeige-Demokratie. Damit war es auf einen Schlag vorbei, als im Frühjahr 2012 Offiziere unterer Ränge gegen den Präsidenten putschten. Eben noch ein Modell, rutschte Mali nun binnen Tagen bei den Kommentatoren in die Kategorie eines künftigen *failed state*. Was die Mehrheit der Bevölkerung dachte, spielte keine Rolle – jetzt so wenig wie zuvor.

Mir war schon bei meinen ersten Besuchen aufgefallen, dass sich viele Malier in ihrer vom Westen gelobten Demokratie nur als Statisten fühlten. Manche trugen T-Shirts mit dem Slogan einer Partei oder nähten sich Gewänder, die in ihrem Muster eine politische Botschaft zeigten; diese Stoffe wurden zu bestimmten Anlässen billig auf den Markt geworfen. Sprach man jemanden an auf eine solche Kleidung, dann schaute er verwundert an sich herunter: Oh, was steht denn da?!

In der Nationalversammlung wurde französisch gesprochen; das schloss die meisten Malier aus – und selbst manche Abgeordnete ohne Schulbildung. Sie brachten ihre Söhnchen mit zum Übersetzen, dann erzählten ihnen Schulkinder, was in einer Gesetzesvorlage stand. Man mag sich einen Augenblick lang vorstellen, der Wahlkampf für den Deutschen Bundestag werde auf Englisch abgehalten. Die Mehrheit der Bevölkerung würde sich abwenden, die Wahlbeteiligung drastisch sinken, das Ergebnis wäre unkalkulierbar, gewiss würden nationalistische Gruppen enorm gestärkt.

In Mali hatte die Distanz zur Wahl-Demokratie lange ein sanftes Gesicht. Das ganze System war für das bäuerliche Milieu ein fremdes, von außen kommendes Phänomen geblieben, vielleicht ähnlich fremdartig wie festangestellte Lohn-Arbeit, die 50 Jahre nach dem Ende der Kolonialzeit immer noch »die Arbeit der Weißen« genannt wurde. Und diese Sicht zu ändern, Demokratie als etwas zu betrachten, was allen gehörte, dazu bestand wenig Anlass. Auch ohne Französisch zu verstehen, ahnten die meisten Malier, wie sich die politische Klasse in diesem armen Land bereicherte und dass die meisten der bis zu 200 Parteien ausschließlich diesem Zweck dienten. Die Gebildeten wussten, dass die Regierung hinter dem Rücken der Öffentlichkeit große Ackerflächen an ausländische Investoren vergab. Bei einer Parlaments-Wahl sah ich Wahlhelfer, die auf den abgewetzten Schultischen der Wahllokale in Schlaf gesunken waren; so niedrig war die Beteiligung.

War es also ein Zeichen mangelnder demokratischer Reife, als in der Stunde des Putsches in Malis Bevölkerung kaum jemand aufstand, um diese Fassaden-Demokratie zu verteidigen? Die Bauernvereinigung mit ihrem Slogan »Land, Arbeit, Würde« stellte sich hinter die Putschisten, ebenso andere Basis-Initiativen. Ich war nicht im Land in dieser Zeit, sondern erlebte von Deutschland aus eine seltsame Parallelität der Informationen. Im Mainstream der internationalen Nachrichten galt jeder Schritt als Erfolg, der den alten Zustand in Mali wiederherstellte, eben jene ungeliebte Fassaden-Demokratie. Währenddessen schickte mir Tièçoura Textnachrichten und E-Mails, wie die Zivilgesellschaft versuchte, genau das zu verhindern. Er sah den Militärputsch und die Krise als Chance, die korrupte politische Klasse vom Spielfeld zu verdrängen. Sie war für ihn kein kleineres Übel, sondern das größere.

Gelegentlich habe ich mit Tièçoura gemeinsam eine Recherche unternommen; das war nicht immer einfach. Als ein älterer Akademiker gehört er im ländlichen Kontext Malis automatisch zu den Honoratioren, wird bei unserer Ankunft von den Dorfältesten in Beschlag genommen. Da wäre es statuswidrig, wenn er gleich begänne, meine Fragen zu übersetzen oder mein neugieriges Herumschnüffeln zu unterstützen. So können wertvolle Stunden verstreichen. Begleitet mich ein junger Dolmetscher, dann ist alles einfacher: Er wird als mein Personal betrachtet und es wird ihm nachgesehen, wenn er sich nicht ganz an örtliche Gepflogenheiten hält.

Eine Weile verbringe ich auf dem Stück Land, wo Tièçoura sich eine neue Existenz aufbaut, nach dem erzwungenen Ende seiner Eisenbahner-Karriere: eine kleine Farm mit Hühnern, Obst und Gemüse. Farm, das Wort klingt zu groß, aber »Bauernhof« klänge zu gemütlich. Wir leben behelfsmäßig auf dem staubigen Acker, ein Lehmhaus ist noch in Arbeit, die Ziegel trocknen in der Sonne. Es ist März, Sahel-Hitze. Weit und breit spricht niemand Französisch. Weit und breit kein Laden. Kein Strom. Dies ist das wahre ländliche Mali.

Tagebuchnotizen. Ein schöner Nachmittag heute, nicht so brennend-heiß wie die Tage zuvor. Vögel zwitschern, Hähne krähen, das Licht liegt golden auf den halbwüchsigen Bananenstauden. Tiècoura wirft sich zum Gebet einen mokkabraunen Bubu über; in den Shorts, die er bei der Landarbeit trägt, könne er nicht beten, sagt er, zu nackt. Noch während er das zipfelige, zerschlissene Gewand glattstreicht, ruft er laut »Allahu Akbar« übers Feld. Ungerührt picken neben ihm Hühner in den Pfützen herum, die gerade beim Bewässern der Paprikasträucher entstanden sind. Bonè, eine Frau aus dem nächsten Dorf, klappert mit ihren Kalebassen, sie macht sich an die Vorbereitung des Abendessens.

Die erste Pflanzung junger Papaya ist durch Kaninchen vernichtet worden. Eine kalte Nacht hat die erste Generation Küken dahingerafft. Jeden Tag passiert etwas, jede Fahrt in die Stadt, 15 Kilometer entfernt, birgt Unwägbarkeiten. Das Moped verliert Benzin, muss repariert werden. Der Computer der Bank, wo eine Zahlung getätigt werden sollte, ist kaputt. Ein kleiner Holztisch wird als Zugeständnis an meine Sitz- und Essgewohnheiten auf dem Rücksitz des Mopeds herangeschafft – beim Abladen ist die schüttere Tischplatte schon zersplittert, so schlecht ist die Holzqualität, so schlecht die Straße.

Nach dem Gebet setzt sich Tiècoura auf die Erde, schlitzt mit einem Messer gebrauchte Plastiktütchen auf, um sie später mit Erde zu füllen und mit Samen. Die Tütchen sind kaum handtellergroß, kommen vom Müll; das Recycling der Armen. Ich schlitze mit. Die Tütchen sind klebrig und schmutzig. Welche Geduld man braucht, allein für diese Aufschlitzerei! Am Ende wird das der zweite Versuch einer Papaya-Pflanzung.

Tomaten und Erdnüsse sind das einzige, was man zwischen den gekochten Mahlzeiten knabbern kann. Knabbern ist ein Wort aus einer anderen Welt. Man bekommt ein anderes Verhältnis zur Nahrung, wenn nichts fertig ist. Nichts ist einfach da. Bonè, die Hilfe aus dem Dorf, kommt stets im ersten Morgengrauen und beginnt das Frühstück zu kochen, ein nahrhafter rosa Brei aus Hirse. Er wird ewig lange gerührt und geklopft, bis er eine schöne Klumpigkeit erreicht. Es ist dieses Klopfen, das ich als erstes höre, wenn ich aufwache, noch erschöpft von der Hitze und den Geräuschen der Nacht. Bis der Brei fertig ist, machen die Männer schon die erste Runde Landarbeit, die kühle Morgenstunde nutzend. Jeden Morgen der gleiche klumpige Brei; wenn er abkühlt, überzieht er sich mit einer grauen Haut.

Wie viel Arbeit, wie viel Mühe für diesen eintönigen Lebensstil! Ich begreife, dass ein Leben in struktureller Armut in jenem Augenblick unerträglich werden muss, da die Geduld verloren geht. Der Verlust der strukturellen Geduld: eine Triebkraft der Migration. Manchmal kommen alte Männer, um sich mit Tiècoura über landwirtschaftliche Probleme zu beraten. Dünne, abgearbeitete Gestalten, eine Hacke über der mageren Schulter, und Müdigkeit in jeder Hautfalte. Einer der Männer hat eine gewaltige Geschwulst am Kopf; sein Kopf wirkt monströs. Eine Operation wäre möglich, aber wie sie bezahlen?

Vor Sonnenuntergang unser romantisches Abendspektakel: Eine Ausfahrt im Eselskarren, über Stock und Stein holpernd. Die Dörfler starren uns nach, als hätten wir den Verstand verloren. Im Eselskarren ohne Ladung!

Nachts leuchten die Sterne, wie sie nur in tiefer stromloser Dunkelheit leuchten können. Unsere batteriebetriebene Campinglampe wirft ein kaltes Energiesparlicht; trotzdem zieht sie so viele Insekten an, dass man unter der Lampe unmöglich essen kann. Wir essen ein paar Meter entfernt im Dunkeln. Ich kann mich nicht beherrschen und leuchte ab und an mit meiner Taschenlampe in die Blechschüssel. Soviel Exzentrik hat einen Preis: Ich locke genau jene Insekten in mein Essen, die zu finden ich mich gefürchtet hatte.

In jeder Kultur, der man sich aussetzt, erkennt man eine andere Facette von sich selbst. In Südostasien entdeckte ich das Europäische an mir, vor allem meine Vorliebe für europäische Stadtstrukturen. Hier erfahre ich, wie wichtig für mich Individualität ist und wie sehr Konsumentscheidungen zu einem Lebensstil gehören, der sich an Individualität orientiert – obwohl ich mich eher für eine Konsumverächterin hielt. So relativ ist das Bild, das man von sich selber hat.

Ich reise viel in sogenannten öffentlichen Verkehrsmitteln (es handelt sich in Wirklichkeit um Busse in Privatbesitz), da hat man reichlich Gelegenheit, Verhalten zu studieren, das eigene wie das der anderen. Ein Busbahnhof: Der Bus hatte ewige Verspätung, die Stunden zogen sich hin, es gab keine Information, nur drückende Hitze und meine wachsende Ungeduld. Als ich mich bei einem malischen Mitreisenden beklagte, sagte er nur: »Du bist nicht alleine auf der Welt.« Über diese Antwort kann man lange nachdenken. Trotzdem halte ich die Vorstellung von afrikanischer Kollektivität für ein Klischee, zumal wenn darunter nicht allein die Verpflichtungen gegenüber Familie und Großfamilie verstanden werden, sondern ein gemeinschaftsorientiertes Handeln, gar Solidarität.

Auf einer tausend Kilometer langen Busreise von Dakar im Senegal nach Mali erlebte ich eine Tage und Nächte währende Kette von Willkür und Zumutungen seitens der Busbesitzer und Fahrer – doch unter den Passagieren kam nicht einmal ein Ansatz von Empörung auf. Niemand schien der Ansicht, dass er durch den Kauf einer nicht ganz billigen Fahrkarte Rechte erworben hätte. Der Afrikaner habe kein Zeitgefühl und plane nichts, wird in solchen Fällen gerne als Erklärung gesagt. Meine Erklärung ist eine andere: Die Leute im Bus hatten kein Bewusstsein ihrer Rechte. In diesem Fall ihrer Rechte als Kunden; in anderen Fällen ihrer Rechte als Bürger. Wenn sich Tiècoura würdelos behandelt fühlt, empört er sich manchmal so heftig, dass es zu einem Eklat kommt. Viele seiner Landsleute halten ihn für verrückt, weil er sich auflehnt.

Afrika wird oft als gewalttätiger Kontinent portraitiert. Dabei sind die armen Massen so geduldig, viel zu geduldig! Und es ist diese Duldsamkeit, die mich oft rasend ungeduldig macht. Ich rebelliere innerlich, stellvertretend. Und fühle mich dann sehr weiß.

Der von außen auf Afrika gerichtete Blick liebt nicht die Kämpfenden, sondern die Leidenden – und reziprok haben sich viele eingerichtet in dem Lebensgefühl, das ewige Opfer zu sein. Sie fühlen sich deshalb berechtigt, Ansprüche an eine beliebige, vorbei marschierende Weiße zu stellen – Ansprüche, die sie gegenüber einem wohlhabenden Angehörigen der eigenen Kultur niemals in dieser Weise erheben würden. So fühle ich mich immer wieder in eine Beziehung hineingezwungen, die ich als zutiefst krank empfinde.

In der Stadt St. Louis im Senegal ging ich an einer Gruppe Frauen vorbei, die vor einem Haus saßen. Sie gehörten nicht zu den Ärmsten, trugen schöne, glänzende Bubus, die weiten Gewänder. Umstandslos hielt mir eine der Frauen ihre fordernd geöffnete Hand hin: »Gib mir etwas!« Ich habe daraufhin einfach gelacht, als hätte sie einen guten Witz gemacht. Die Frauen und Männer ringsum stimmten in das Lachen ein; vielleicht versuchten sie, ein Gefühl der Beschämung wegzulachen, aber ich bin mir nicht sicher, ob sie wirklich meine Beschämung teilten. Ich gerate oft in solche Situationen, und es sind fast nie die Bedürftigsten, die mich anbetteln.

Eine 17jährige deutsche Schülerin, ein sehr aufgeschlossenes Mädchen, sagte mir nach einer Reise durch Mali: Sie sei froh, nach Hause zu kommen, weil sie dort nicht allein nach ihrer Hautfarbe beurteilt werde. Reduziert werden auf ein äußerliches Merkmal, das wiederum ein ganzes Set von Annahmen über deine Person freisetzt – diese Erfahrung macht jeder Afrikaner außerhalb Afrikas vieltausende Male. Wenn wir diese Ur-Erfahrung in Afrika machen, sind wir erschüttert, fühlen uns entpersonalisiert. Obwohl die Assoziation reich & weiß weitaus angenehmer ist als die Verbindung von kriminell & schwarz.

Oft sind es die kleinen Erlebnisse, die am meisten offenbaren über die menschlichen Beziehungen. Zwei solcher Erlebnisse hatte ich in Kamerun. Als ich mir in der Hauptstadt Yaoundé auf einer belebten Straße einen Fuß verstauchte, starrten mich die Passanten nur irritiert an; niemand bot mir einen Arm, eine Stütze, trotz meiner verzweifelten Gesten. Als sei es nicht üblich, Weißen zu helfen – die wissen schon, sich selbst zu helfen. Stattdessen bemühten sich dann zwei Franzosen um mich, der eine Tourist, der andere Offizier, sie kannten einander nicht, und während ich mir kalte Tücher um den schwellenden Fuß wickelte, hörte ich, wie sie sich im Tonfall freundlicher Kolonialbeamter über die schwarzen Subjekte unterhielten. »Sie sind sehr intelligent«, sagt der Offizier. »Oh ja, gewiss«, antwortete der Tourist.

Nun das zweite Erlebnis. In einer Waldregion Süd-Kameruns wurde an einem Bus-Halteplatz als Imbiss Buschfleisch angeboten. Mich faszinierte ein Topf mit Affenfleisch, und so machte ich, um mir die Langeweile des Wartens zu vertreiben, ein Foto von dem Gulasch, aus dem ein Affenhändchen herauslugte. Im nächsten Moment begann die Händlerin wütend zu schreien, andere Frauen fielen ein: »Wir sind Tiere für dich! Du verachtest uns! Wir sind keine Menschen für euch!« In meiner Not, diese schreckliche Situation möglichst schnell zu beenden, tat ich etwas, was mir bis heute unangenehm ist: Ich ging auf die Verkäuferin des Affenfleischs zu und sagte ihr leise, ich sei mit einem Afrikaner liiert. Ihre Stimmung schlug um, sie umarmte mich, dankte mir überschwänglich. Was für ein Abgrund, in mir wie in ihr! Zum Glück kam bald der Bus.

Der Garten des Hotels »L'Auberge« in der malischen Stadt Segou ist für örtliche Gastronomie-Verhältnisse ein kleines Paradies. Es ist neun Uhr morgens, Vögel zwitschern, man sitzt unter weiß blühenden Frangipani-Bäumen, der Kaffee ist gut, das Baguette knusprig. In einer Ecke des Gartens spricht ein malischer Regierungsbeamter laut in sein Mobiltelefon. Man hört ihn sagen: »Je suis en brousse.« Im Busch! In Segou, einem Zentrum malischer Kultur, einer ehemaligen Königsstadt – wie kann er so sprechen, als Malier? Wie für die Kolonialherren ist für diesen malischen Beamten alles außerhalb der Hauptstadt »Busch«.

Intellektuelle, die sich zur Strömung der afrikanischen Renaissance rechnen, nennen diesen Geisteszustand »Außenorientierung«: Begriffe, Maßstäbe, Erziehungsinhalte, Perspektiven – alles wird von außen, vor allem von Europa übernommen oder dorthin ausgerichtet. Von der Kleidung bis zur Nahrung hat vieles Afrikanische seinen Wert verloren. Die importierte französische Büchsenbohne ist besser als die selbst angebaute Bohne; warum also überhaupt anbauen? Dass für eine Verbesserung der Lebensverhältnisse in Afrika zuerst die Psychologie der Außenorientierung überwunden werden muss, scheint mir gegenwärtig die beste Richtschnur, auch für mein eigenes Denken. Auf der Psychologie der Außenorientierung beruht letztlich auch die so schwer begreifbare Duldsamkeit gegenüber den korrupten Eliten – das sagt der kamerunische Politologe Prinz Kum'a Ndumbe III, der mit seiner Stiftung AfricAvenir an einer intellektuellen Renaissance arbeitet. Da das Schicksal der meisten afrikanischen Regierungen von ausländischen Institutionen und Geldgebern mehr abhänge als vom eigenen Volk, würden die Regierungsleute quasi wie Ausländer betrachtet – und das heißt: gegen sie sei nichts auszurichten.

Und wenn dann doch einmal gekämpft wird?

Dann fehlen einem die Worte. Für soziale Kämpfe in Afrika muss man erst die richtigen Worte finden, denn es handelt sich um soziale Auseinandersetzungen jenseits unserer vertrauten Maßstäbe.

Ich hatte eine Recherche über Korruption in Kamerun fast beendet, als ich zum ersten Mal in einen afrikanischen Streik geriet. Ich saß fest, zur Untätigkeit verdammt; ich konnte nur beobachten und zu verstehen versuchen. Vier Tage lang verdüsterte der Rauch brennender Barrikaden den Himmel. Die Welt nahm keine Notiz; erst später würde man diese Tage mit einem politischen Modebegriff etikettieren: Hungerrevolte.

Eine Hungerrevolte hat keine Akteure, so will es das Wort – es ist der Hunger selbst, der revoltiert. Er bemächtigt sich der Menschen, lässt ihnen keine andere Wahl, als um sich zu schlagen. Ein dramatisches, bebendes Wort; mitfühlend im ersten Moment, aber es nimmt denen, auf die es gemünzt wird, leicht ihre Würde, macht sie schon wieder zu bloßen Opfern, zu Getriebenen auf dem primitivsten Niveau menschlichen Aufbegehrens.

In Kamerun wurde nicht gehungert, als die vermeintliche

Hungerrevolte ausbrach. Alles begann beiläufig, täuschend beiläufig, mit kleinen Meldungen in den Zeitungen: In der Stadt Douala würden die Taxifahrer gegen den hohen Benzinpreis streiken. Douala ist Kameruns Wirtschaftsmetropole mit Heerscharen gut ausgebildeter junger Leute ohne Job. Viele von ihnen fahren hilfsweise ein Moped-Taxi. Eine Armee der Wütenden und Frustrierten.

Am Montagmorgen begann der Streik, und atemberaubend schnell wurde aus dem simplen Akt, das eigene Transportmittel zu verweigern, der erzwungene Stillstand nahezu des gesamten Landes. Aufruhr erfasste die zehn größten Städte, die wichtigsten Überlandstraßen waren blockiert, sogar der internationale Flughafen geschlossen. Die Armee rückte aus, Kamerun befand sich im Ausnahmezustand. Im Laufe der nächsten Tage wurden Rathäuser, Polizeikommissariate, Steuerbüros verwüstet; Tankstellen gingen in Flammen auf.

Kamerun zählt nicht zu den ärmsten Ländern Afrikas. Die einstige deutsche Kolonie ist reich an Rohstoffen, doch heruntergewirtschaftet durch das korrupte Regime des Präsidenten Paul Biya: Ein Schützling Frankreichs, seit mehr als drei Jahrzehnten an der Macht. Die meisten Kameruner leiden, auch wenn sie nicht hungern. In den Protest gegen hohe Lebenshaltungskosten mischte sich die große, lang gehegte Wut auf die raffgierige herrschende Klasse, auf ihren Diebstahl am Volksvermögen. Nicht etwa die Schlichtheit der Motive – Hunger! –, sondern ihre Komplexität heizte die Militanz der Streikenden an: Der Präsident wollte auch noch die Verfassung ändern lassen, um seine Macht zu verewigen.

Mehrere Transportgewerkschaften hatten den Streik ausgerufen; sie bliesen ihn ängstlich nach einem Tag ab – niemand hörte darauf. Die Gewerkschaften seien gekauft, bestochen, höhnten die jungen Männer an den Barrikaden. Sie waren vom ersten Moment an die Protagonisten, ohne Organisation, ohne Führung, ohne Sprecher, bewaffnet nur mit Mobiltelefonen. Ihre Kampfform war die einschüchternde Zusammenrottung an Kreuzungen. Nachdem die ersten privaten Fahrzeuge demoliert wurden, ging ganz Kamerun zu Fuß. Niemand definierte, was Streikbruch ist – vorsichtshalber schlossen die meisten ihre Geschäfte. Was war Angst, was Solidarität? Viele Kameruner empfanden beides, in einer schwierigen Melange; sie fürchteten Gewalt, Chaos und Plünderungen und teilten doch die sozialen Motive der Aufrührer.

Kurze Zeit genossen die jungen Protagonisten ein Gefühl der Stärke; misstrauisch gegenüber allen Politikern wollten sie von niemandem instrumentalisiert werden, fühlten sich als wahre Vertreter des Volksunmuts, als Gegenpol zur Regierung. Die Regierung nahm ihrerseits die Konfrontation sofort an. Ohne abgestufte Taktik, ohne jegliche politische Idee warf sie Polizei, Armee, Nationalgarde an die Front. Bald wurde scharf geschossen.

Vieles aus diesen Kameruner Februartagen ist typisch für die Eskalation sozialer Kämpfe in Afrika. In Europa zielt ein Streik auf eine formell strukturierte Wirtschaft mit organisierter Produktion, mit festen Arbeitsplätzen und Arbeitszeiten. In Afrikas oft informeller Wirtschaft ist der Streik nur eine Initialzündung. Um Druck zu machen, müssen die Streikenden schnell zulegen, müssen die Konfrontation suchen.

Die Bevölkerung ist zugleich Opfer, Akteur und Geisel. Die meisten Haushalte wirtschaften von Tag zu Tag – im Nu ist nichts mehr zu essen da, im Nu alles Geld aufgebraucht. So wird im Tagesrhythmus gelitten und gekämpft. Am Morgen ist unklar, wie sich der Streik im Lauf des Tages entwickelt; am Abend rätseln alle, ob der Ausstand am nächsten Tag noch andauern wird.

In Kamerun hatte niemand, wirklich niemand einen Überblick. Im Fernsehen nur Telefonberichte örtlicher Korrespondenten, ohne Bild. Eine private Fernsehstation, die bei der revoltierenden Jugend Vertrauen genoss, wurde geschlossen, die Studios versiegelt – als wollte die Regierung noch das letzte Kabel einer eventuellen Verständigung kappen. Aus dem Getöse des Aufstands kristallisierte sich nur ein einziger Schrei heraus: Biya, der Präsident, soll zu uns sprechen!

Als der heisere alte Mann endlich im Fernsehen das Wort an sein Volk richtete, hockte ganz Kamerun vor den Geräten. Biya sprach nur fünf Minuten, beleidigte die Aufständischen. Kurz darauf brannten wieder die Barrikaden. Der Rest war blanke Konfrontation: Hier die Masse der Bevölkerung, die aus Überzeugung, aus Angst oder in schierer Verzweiflung passiv zu den Aufständischen hielt. Dort die Armee. Irgendwann in der nächsten Nacht starb der Streik, ein vorhersehbarer Tod.

Es war kein schöner Kampf. Niemand hat Transparente für *Good Governance* aufgehängt. Auf den Straßen türmte sich der Müll. Zu viele starben. Für den weißen Blick ein geläufiges Afrika: Dunkle Gestalten machen dunkle Krawalle. Zufällig sah ich alles von nahem und sah etwas anderes.

Für einen Moment hatten die Kameruner, die auf mich vorher oft so fatalistisch wirkten, in diesem Aufstand Würde gefunden. Die Würde, sich als Subjekt zu sehen, als Handelnder, mag das Handeln auch verzweifelt, gewalttätig, unorganisiert und darum zum Scheitern verurteilt gewesen sein.

Selbstermächtigung, als Individuum und als Gruppe, ist vermutlich der einzige Weg in eine bessere Zukunft. Von den Eliten ist dabei nicht viel zu erwarten, oft muss der Kampf ja gerade gegen sie gerichtet sein. Um sie beiseite zu drängen, dafür müsste allerdings in den Gesellschafts-Mehrheiten eine neue Kultur des Sich-Verantwortlich-Erklärens entstehen.

Das letzte Wort dazu soll ein Mann haben, der in Kamerun für eine rigorose Ethik bekannt ist: Adamou Ndam Njoya, Oppositionspolitiker, muslimischer Intellektueller, Jurist und Imam. Im persönlichen Gespräch wirkte er sanft und unprätentiös; in seinem Wohnzimmer harmonierte moderne afrikanische Kunst mit gewebten islamischen Kalligrafien. »Früher brachte jeder einen Stein, wenn ein Brunnen gebaut wurde«, sagte Ndam Njoya. »Diese Kultur, das Öffentliche auch als das Eigene zu betrachten, haben wir verloren, als Teil unserer ganzen kulturellen Entwurzelung. Die Menschen müssen heute anfangen zu begreifen, dass sie nicht Fremde sind bei sich selbst.«

Zeiten der Konfrontation

Über weißes Denken und rechten Populismus.
Und warum Entscheidungen wichtiger sind
als Herkunft

Die Welt ist nicht weiß, sie war es nie und wird es nie sein – dessen sind sich heute in Deutschland weitaus mehr Menschen als früher bewusst. Aber ist dies eine gute oder schlechte Nachricht? Bewirkt die Erkenntnis mehr Offenheit, mehr Bereitschaft zum Teilen? Oder folgt daraus eine Kriegserklärung, eine aggressive Verteidigung von Status und Besitz?

Rückblickend ist das Jahr 2015 eine Zäsur gewesen, deren Wirkungen erst in der Folgezeit fühlbar wurden. Eine Zäsur nicht allein wegen der Ankunft von einer Million Flüchtlingen, sondern weil die Flüchtenden für einen historischen Moment Grenzen obsolet machten. Schiere Not verlieh ihnen die Kraft für einen geradezu utopischen Akt: sich die Räume einfach zu nehmen, in denen sie nicht vorgesehen waren. Dass es möglich sei, Europas Grenzzäune zu überrennen, war für einen anderen Teil der Zuschauer allerdings wie die Vorwegnahme einer Dystopie. Der Albtraum: Europa überschwemmt von Fremden.

Es folgte dann die Irritation durch die Figur Donald Trump, erneut mit einer zwiespältigen Lektion: Jemand, der mit den *white supremacists* im Bunde ist, kann – wiederum: einfach so – durch Wahlen an die Macht kommen.

Seitdem haben sich zwei Haltungen im öffentlichen Raum etabliert. Die einen versuchen, einen konstruktiven Umgang zu finden mit allem verunsichernden Neuen, mit der Vielfalt im eigenen Land wie mit der sich vage ankündigenden Perspektive, dass die künftige Ordnung der Welt nicht mehr von einer weißen Minderheit bestimmt werden wird. Auf der anderen Seite steht die rabiate Abwehr all dessen: Die Verteidigung von Weißsein als Herrschaftsmodell, nach innen wie nach außen.

Beide Haltungen werden gegenwärtig von Minderheiten eingenommen, und beide hoffen auf Hegemonie. Eine Zeit der Konfrontation, eine explosive Phase des Übergangs – nur Übergang wohin, zu welcher Seite?

Deutschlands koloniale Vergangenheit schien nach 1945 wie aus dem Gedächtnis getilgt. Heute kehrt dieses geschichtliche Kapitel, wenn auch zögerlich, ins allgemeine Bewusstsein zurück. Von der Herkunft ethnologischer Objekte bis zu den berüchtigten Schädelsammlungen: Manche Institution der bürgerlichen Mitte, die gestern noch immun war gegen Selbstzweifel, zeigt nun Anflüge von Unrechtsbewusstsein. Und endlich gibt es Gelder, um wissenschaftlich zu ergründen, wie all das, was nonchalant als »gesammelt« bezeichnet wird, in die Vitrinen weißer Weltbetrachtung gelangte.

Die Debatte um die Herkunft und die mögliche Rückerstattung von geraubtem Kulturgut ist in den großen Medien angekommen. Und das Großprojekt des Berliner Humboldt-Forums ist vor aller Augen in die Krise geraten: das Ansinnen, ausgerechnet hinter der (falschen) Fassade eines Hohenzollernschlosses, ein Kreuz auf der Kuppel, mit den geraubten Utensilien von damals einen sogenannten neuen Blick auf außereuropäische Kulturgeschichte zu veranstalten. Einsprüche, die vor wenigen Jahren nur von Aktivistengruppen erhoben wurden, werden heute im Mainstream des Kulturbetriebs rezipiert.

Doch die postkoloniale Kritik zielt zurecht auf mehr. Es gilt, die hierarchische Auffassung von der Welt zu denunzieren und jenes weiße Herrschaftsverständnis, das im Herzen des europäischen Kolonialismus blühte und dessen formales Ende weithin ungeschoren überlebte.

Das deutsche Kolonialabenteuer war relativ kurz, von 1880 bis 1918, doch die Prägung des kolonialen Blicks entstand in einem viel längeren Zeitraum, nicht zuletzt auch durch den Einfluss von Literatur und Film aus den langjährigen Kolonialmächten Frankreich und Großbritannien.

Im Umgang mit diesem intellektuellen, ethischen und psychischen Erbe wirkt Deutschland heute gespalten. Unter jungen, gebildeten Weltoffenen hat alles Postkoloniale sogar einen gewissen Schick; man kann sich auf der richtigen Seite der Geschichte fühlen und an attraktive Bewegungen wie *Black Lives Matter* andocken. Eine gewollte und als Befreiung erlebte Verunsicherung weißer Identität.

Auf der Rechten wird hingegen gerade dieses Loslassen mit einer massiven, auch psychischen, Abwehr beantwortet. Egalitäre Auffassungen vom Menschen werden verlacht und frei nach Nietzsche verhöhnt als Versuch der Schwachen, die Starken (»angefressen vom Wurm des schlechten Gewissens«) in die Knie zu zwingen.

Tatsächlich hat es die deutsche Gesellschaft als ganze bisher vermieden, sich auf eine emotionale Konfrontation mit dem institutionalisierten Rassismus der Vergangenheit einzulassen, und damit ist Deutschland natürlich nicht allein. »Kein einziges europäisches Land hat das Drama des Kolonialismus und die damit einher gehende Entmenschlichung wirklich aufgearbeitet«, sagt der Philosoph Achille Mbembe, ein Weltbürger kamerunischer Herkunft.

In jüngster Zeit ist ein Versuch zu beobachten, sich dieser Herausforderung auf einem Umweg zu nähern: Durch die Identifikation mit dem Schicksal schwarzer US-Amerikaner. Afro-amerikanische Literatur erfuhr im Jahr 2018 einen eigentümlichen Hype; James Baldwin, jahrzehntelang vergessen, ist nun ein Bestseller. Erneut wird das Bedürfnis sichtbar, diesmal im liberalen Bürgertum, auf der guten Seite der Geschichte zu stehen.

Baldwin spreche zu uns wie ein Zeitgenosse, schreibt die Literaturkritikerin Verena Lueken, »ein Zeitgenosse, der uns ahnen lässt, wie es sich als Mensch lebt, der in der Zuschreibung anderer, die sich ihm überlegen wähnen, eine Abweichung darstellt, weil seine Haut schwarz ist...«. Sie begreift die wesentliche Botschaft des Autors: »Das Problem sind die Weißen, die keine Verantwortung für ihre Geschichte übernehmen und sich keine Rechenschaft darüber ablegen, warum sie, in Baldwins Worten, ›den Neger erfinden mussten‹«. Dann verwundert jedoch diese Schlussfolgerung: Baldwins Bücher seien »Fanfaren einer Zukunft, auf die wir noch warten«.

Warten? Und wer ist dieses »wir«, das da warten darf an der Seite der Schwarzen? Gelangt man allein durch Lesen (und Schreiben) auf die helle Seite des Fortschritts, ohne dass es schmerzt, ohne Einbuße, ohne Verzicht?

Es gibt in den abgründigen Debatten dieser Tage eine Reihe von Zwischenpositionen. Sie laufen darauf hinaus, in einem veränderten Spiel doch irgendwie die Spielregeln weiter bestimmen zu wollen. Etwa so: Den Völkermord an Herero und Nama verbal anerkennen, aber rechtliche Konsequenzen daraus verweigern.

Der deutsche Kolonialismus war im öffentlichen Bewusstsein der Bundesrepublik lange von der Shoah verdrängt. Die *Washington Post* nennt in einer Überschrift die Geschehnisse im einstigen Deutsch-Südwestafrika unumwunden »den anderen deutschen Genozid«. Eine solche Formulierung wird in Deutschland gescheut – aus Furcht, das Gewicht des kolonialen Verbrechens zu vergrößern, ebenso wie aus Angst, den Holocaust zu relativieren.

Zugleich ist heute völlig unklar, wie die Zukunft des Erinnerns an Auschwitz in einer Einwanderungsgesellschaft aussehen kann. Wie wird Deutschland künftig seiner Verantwortung aus dem Holocaust gerecht, wenn ein wachsender Bevölkerungsteil mit der Geschichte der Täter nicht im Entferntesten verbunden und durch seine Herkunft womöglich mit anderen, eigenen Traumata weitaus mehr beschäftigt ist?

Wir müssen lernen, die Geschichte epochaler Dehumanisierungen so zu erzählen, dass sich bei uns darin Menschen – Schüler! – mit unterschiedlichen Herkunfts-Identitäten wiederfinden können. Davon sind wir heute noch weit entfernt; extrem weit, wenn man bedenkt, wie heftig sich fortschrittliche Milieus allein an der Frage »Wie mit Israel umgehen?« zerstreiten.

Sollten die Nachfahren von Auschwitz-Überlebenden künftig gemeinsam mit den Nachfahren namibischer Opfergruppen vor deutschen Schulklassen sprechen? Große, offene Fragen. Einige postkoloniale Aktivisten wollen den 8. Mai 1945 nicht länger als Befreiung bezeichnet sehen, da die französischen und britischen Alliierten nur durch den Blutzoll und die Ausbeutung der Kolonisierten gesiegt hätten. Das setzt Empathie und Gedenken in eine unheilvolle Konkurrenz.

Aber der Anteil von Soldaten der Dritten Welt am Sieg über Nazi-Deutschland wird tatsächlich bis heute übersehen. Der traditionelle deutsche Antifaschismus, das »Nie wieder ...!« einer älteren Generation, war ein sehr weißes Milieu mit einem auf Europa begrenzten Blickfeld.

Wie also kann geistige Dekolonisierung gelingen? In einer

Zeit rechten und rechtsextremen Vormarsches scheint es mir notwendig, dafür Wege und Haltungen zu finden, die inklusiv sind statt exklusiv. Denn gegenüber manchen Narrativen, die sich heute wie kollektiver Wahnwitz eines Teils der öffentlichen Meinung bemächtigen, ist es ebenso naheliegend wie gefährlich, sich auf einer Insel der Rechtschaffenen zu wähnen.

Ich verdanke der deutsch-kroatischen Schriftstellerin Jagoda Marinić den Hinweis auf einen Klassiker, der uns verstehen hilft, was gerade passiert. »Public Opinion« von Walter Lippmann erschien bereits 1922 und wurde zu einem grundlegenden Werk über das Funktionieren des öffentlichen Raums. Die reale Umwelt des Menschen sei »zu groß, zu komplex und zu sehr im Fluss befindlich, um ihm direkt zugänglich zu sein.« Daher konstruiere sich der Mensch eine »Pseudo-Umwelt«, die ein subjektives, voreingenommenes und vereinfachtes Bild der Welt darstellt, bis zu einem gewissen Grade eine Fiktion.

Natürlich wird diese Fiktion stark von Medien und anderen Einflussagenten bebildert, und es ist kein Zufall, wie Jagoda Marinić schreibt, dass sich die Rechten in diesen Tagen vor allem damit befassen, Herr über die im Umlauf befindlichen Fiktionen zu werden. Das Modell von Lippmann erklärt aber auch, warum sich in der Glocke über der deutschen Einwanderungsgesellschaft so viel Erregung und Hass stauen kann. Die Menschen lebten zwar »in derselben Welt, aber sie denken und fühlen in verschiedenen Welten.«

Die rasanten Lebensläufe junger Leute, die – durch soziale Herkunft und Bildung begünstigt – das neue weltoffene bunte Deutschland repräsentieren, machen selbst mich manchmal schwindlig. Mitte 20, und kaum noch einzuholen. Reisend alle Kontinente gesehen, humanitär in Uganda gejobbt, Auslandssemester in Washington und Mumbai. Heute scheinen die einen beflügelt, verkörpern das Vorteilhafteste des Deutschseins von morgen, während sich bei den Zurückbleibenden, flügellos und mit billigen Einkaufskarren, das Nachteiligste unseres Deutschseins von gestern sammelt.

Es würde uns, die wir Rassismus entgegentreten wollen, stärken und keineswegs schwächen, wenn wir anerkennen, dass es nicht immer leicht ist, Vielfalt zu leben. Denn dies bedarf mitnichten nur der Toleranz; es bedarf einer Selbstveränderung, die nicht jeder will. Die Wiener Autorin Isolde Charim fasst das in den schlichten Satz: »Man kann heute nicht mehr auf dieselbe Art Deutscher oder Österreicher sein wie früher.« Ich selbst spüre diese Herausforderung deutlich, obwohl ich ein weitgereister Mensch bin. Um wieviel mehr muss jemand ohne solch privilegierte Welterfahrungen mit den Umbrüchen ringen?

»Wir müssen uns mit Menschen an einen Tisch setzen können, die mit Vielfalt ein Problem haben. Dazu zählen auch eingesessene Migranten«, sagt der Historiker Kijan Espahangizi. Und er warnt: Im Vergleich zur Schweiz, wo der Deutsch-Iraner derzeit forscht, »bleibt die Rechte in Deutschland bisher unter ihren Möglichkeiten.« Wer sich für das Spiel der öffentlichen Polarisierung hergebe, spiele nach den Regeln der Rechten. »Wir müssen einen pragmatischen Umgang mit der Realität einfordern. Vielfalt muss nicht gut oder schön sein, Vielfalt ist eine Tatsache.«

Diversity, sowohl migrantische als auch geschlechtsidentitäre, ist heute anerkannt in Bereichen, wo sie mir, als ich eine junge Journalistin war, undenkbar schien. Zugleich betritt rechtes Denken nun Bühnen, wo dies gleichfalls früher nicht erwartet wurde. In der Gestalt einer lesbischen Fraktionsvorsitzenden im Bundestag, die der »Alternative für Deutschland« angehört, bündelt sich beides.

Rechte und rechtsextreme Ideologie kann im 21. Jahrhundert bis zu einem gewissen Grade Diversität absorbieren. Der Migrantenanteil in der AfD-Fraktion bewegt sich im parlamentarischen Durchschnitt. Und längst ist Vielfalt neoliberal gekapert worden, von Unternehmen wie von Konsumwerbung, zum Zwecke der Effizienz und der Kunden-Akquise.

»Diversity muss mit einer Normkritik einhergehen, sonst ist es nur ein Verkaufsschlager«, sagt Maisha Auma, Professorin für Differenz-Studien an der Berliner Humboldt-Universität und afrodeutsche Aktivistin.

Vielfalt an sich ist nicht subversiv – das gilt auch für die Medien. Sie sind bisher besonders weiß, mit einem Anteil von Migranten weit unter dem deutschen Durchschnitt. Aber mehr Journalisten mit einer anderen Familiengeschichte ändern nicht automatisch den weißen Blick der Medien. Das müssen sie auch nicht: Eine gewisse Repräsentativität der Medien im Verhältnis zu der Gesellschaft, innerhalb der sie tätig sind, ist nicht begründungspflichtig. So wie auch Frauen nicht die besseren Journalisten sein müssen, um in Leitungsfunktionen angemessen vertreten zu sein.

Für die Zukunft scheint mir folgendes Szenario wahrscheinlich: Der Herrschaftsbezirk, den Redaktionen in sozialer Hinsicht darstellen, weil sie sich nur aus der Mittel- und Oberschicht rekrutieren, wird nominell bunter – aber wer da hinein kommt, ist bereits ziemlich weiß geworden.

Es gibt Medienschaffende migrantischer Herkunft, die vehemente Kopftuch-Gegnerinnen sind und keinerlei Anstoß daran nehmen, wenn mit Kopftuch-Fotos in diskriminierender Weise ein Bildungsdefizit von Einwanderern illustriert wird.

Migrantische Sichtweisen gelten im Mainstream als akzeptabel und medientauglich, wenn sie sich ohne größere Verwerfungen in ein kollektives deutsches Medien-Wir einfügen. Diaspora-Iraner dürfen die Berichterstattung zu Iran prägen, weil sie wie das Medien-Wir gegen die Islamische Republik sind. Aber niemand überlässt einem geflüchteten Malier auch nur für einen einzigen Tag die Berichterstattung über den dortigen Bundeswehr-Einsatz.

Migrantische Sichtweisen sind also immer dann erwünscht, wenn sie sich politisch oder folkloristisch integrieren lassen. Sie sind unerwünscht, sobald sie das vorherrschende Narrativ fundamental in Frage zu stellen drohen oder es schlicht ignorieren.

Auf die Frage, ob sich mehr personelle Vielfalt in einer Redaktion in einer größeren Vielfalt von Sichtweisen niederschlage, antwortet die deutsch-vietnamesische Journalistin Vanessa Vu: »Das muss man wollen, und das hat dann nicht mehr so viel mit Herkunft zu tun.« Vanessa Vu ist als Kind vietnamesischer Asylbewerber in Deutschland aufgewachsen. Sie hat es aus einer »Schrottcontainerkindheit«, wie sie es nennt, in die Redaktion der *ZEIT* geschafft und beschreibt diesen Weg so: »Der deutsche Journalismus ist eine totale Eliteproduktion. Ich habe mich darauf eingelassen und die Codes gelernt. Wenn man dieses Spiel versteht, kommt man gut rein. Man muss also erst mal genauso sein wie die anderen. Sobald man dann drin ist, darf man etwas anders sein.«

Als Bloggerin zu Fragen von Feminismus und Rassismus wird sie mittlerweile angefeindet, obwohl sie, wie sie spöttisch anmerkt, »zu einer Model-Minderheit gehört, nicht zu den Bösen, den Muslimen«. In Hassmails wird sie gleichwohl als Islamistin beschimpft. Während ihre vietnamesischen Eltern ihre Texte bis heute nicht zu lesen vermögen, ist die Tochter im tobenden deutschen Diskursmilieu angekommen, hat zugleich den Aufstieg erlebt wie auch die Wut darüber.

Dies auszuhalten, dazu braucht es Leidenschaft und Leidensbereitschaft jenseits des Üblichen. Zu einer Minderheit zu gehören oder von den Eltern her aus einer Minderheit zu stammen, ist nicht gleichbedeutend mit Respekt und Einsatz für andere Minoritäten; auch dies lehrt die Einwanderungsgesellschaft, etwa mit der Frontstellung von Russland-Deutschen gegenüber Geflüchteten aus Syrien. Natürlich gibt es schöne Beispiele für eine Sensibilität über die eigene Betroffenheit hinaus. Aber diese Haltung entsteht nicht bei jedem und jeder, und wir können sie auch nicht erwarten.

Simpel gesagt: Mehr Migranten in die Medien bringen, um den weißen Blick zu überwinden, das wäre eine Delegation, an deren Funktionieren ich nicht glaube. Der deutsche Journalismus muss seine spät-kolonialen Haltungen gegenüber dem Rest der Welt überwinden – das ist eine gemeinsame Aufgabe all derer, die sich politisch entscheiden, dies zu wollen.

Das Element der Entscheidung scheint mir wesentlich. Entscheidung ist selbstgewählt. Herkunft nicht.

Oft wird übersehen, dass die kollektiven Fiktionen im öffentlichen Bewusstsein der Einwanderungsgesellschaft keineswegs nur im deutschen Binnenraum entstehen. Sie sind gleichermaßen Phantasien über unseren Platz auf dieser Erde. Außenpolitische Berichterstattung ist heute fast nur noch Kriegsjournalismus. Und sie vermittelt eine Welt, in der die Deutschen fast ausschließlich Opfer sind. Opfer schlampiger Griechen, Opfer gieriger afrikanischer Wirtschaftsflüchtlinge, Opfer muslimischer Terroristen. Ein Weltbild, das an rechte Ideologie nahtlos anschließt.

Wir brauchen stattdessen eine außenpolitische Berichterstattung, die zu unserer geistigen Gesunderhaltung beiträgt und uns friedensfähig macht, auch gegenüber dem Anderen, dem als fremd Empfundenen zu Hause.

Als im Jahr 2012 die erste Auflage dieses Buches erschien, meinte eine Rezensentin, ich sei eine der wenigen Journalistinnen in Deutschland, die Ergebnisse der kritischen Weißseins-

Forschung beherzigen würden. Das Lob erstaunte mich, denn diese akademische Strömung war mir bis dahin nicht bekannt. Meine Betrachtungen und Erkenntnisse beruhten auf meinen persönlichen Erfahrungen, auf Alltagserlebnissen in fast drei Dutzend Ländern und auf ungezählten Begegnungen mit Menschen nicht-europäischer Kulturen. Hinzu kam Literatur. Wie etwa Ngugi wa Thiong'o in »A Grain of Wheat«, am Vorabend der kenianischen Unabhängigkeit spielend, nicht nur die ihm vertrautere schwarze Erfahrungswelt schildert, sondern auch die koloniale weiße, das hat mich tief beeindruckt.

Ich habe erst später versucht, mich dem hiesigen postkolonialen Diskurs zu nähern. Dessen Anliegen teile ich, fremdele jedoch mit manchen Vorgehensweisen.

Es ist sinnvoll, unter »weiß« nicht alleine eine Hautfarbe zu verstehen, sondern ein System von Überzeugungen, Werten, Prämissen, Gewohnheiten, kurzum eine Ideologie von Privilegierung, die oft in bräsiger Unbewusstheit daherkommt. Aber »Schwarz« nun stets großschreiben, *weiß* hingegen klein und kursiv? Das sind Codes, die nur innerhalb eines Milieus funktionieren, das sich gern über Texte austauscht. Da sich solche Vorgaben nicht sprechen lassen, scheinen sie mir für die Suche nach nicht-rassistischen Formen des Austauschs nur begrenzt nützlich.

Mehr verbreitet als Schreibcodes ist allmählich das Identitätskonstrukt *People of Color*. Es dient dazu, Gemeinsamkeiten und Solidarität zu stärken zwischen Menschen unterschiedlichen Herkommens, die Erfahrungen von Diskriminierung haben und sich als nicht-weiß verstehen. Ursprünglich stammt der Begriff aus den karibischen Kolonien Frankreichs, wo die »gens de couleur libres« Freie beziehungsweise ehemalige Sklaven waren. Auf dem Umweg über die US-amerikanische Bürgerrechtsbewegung kamen die *People of Color* bis nach Deutschland. Aber wer zählt dazu?

Der betagte Gemüseverkäufer in Berlin-Kreuzberg sieht sich nicht als *Person of Color*, schon weil er kein Englisch spricht. Sein Sohn geht an die Universität, findet Gefallen an antirassistischen Diskursen und nennt sich nun *PoC*. Als er eine iranische Mitstudentin darin einbeziehen will, weist sie das empört zurück. Sie sei weiß!

Wer *Person of Color* ist, beruht also letztlich auf individueller Entscheidung. Es handelt sich um eine bestimmte Art und Weise, auf die Mehrheitsgesellschaft und ihre Zumutungen zu reagieren: mit multiethnischen Allianzen des Widerstands und mit dem Herausstellen der eigenen Differenz statt sich integrationistisch und möglichst farblos anzupassen.

In den USA haben solche Allianzen geholfen, Millionen von Frauen zum Women's March gegen Trump zu mobilisieren.

Problematisch wird es jedoch, wenn aus dem frei gewählten politischen Label *PoC* plötzlich ein aus Herkunft abgeleiteter besonderer Status wird, gar eine Vertretungskompetenz – etwa: um für die Nachfahren der Kolonisierten zu sprechen. Obwohl die hiesigen *People of Color* in den ehemaligen Kolonien meist eher als Weiße angesehen würden. Und obwohl die ärmsten und am meisten ausgebeuteten Migranten sich kaum in den Zirkeln dieser Diskurse finden.

Menschen mit afrikanischen Wurzeln sollen in allem, was mit dem Erbe des Kolonialismus zu tun hat, eine vernehmbare Stimme haben. Aber ich muss keine afrikanischen Vorfahren haben, um beim Wort Neger zusammenzuzucken. Und ich halte es im Kampf für eine egalitäre Gesellschaft eher für eine Falle, wenn Hautfarbe zum Gradmesser von Betroffenheit wird und aus der Betroffenheit dann eine Deutungshoheit abgeleitet wird. Niemand repräsentiert heute die einst Kolonisierten – weder die selbstzufriedenen Eliten jener Länder noch die progressiven Aktivisten in der Diaspora.

Und ich habe außerhalb des weißen Europa zu viel Rassismus gesehen, um den Ausdruck *People of Color* für ein Synonym von Nicht-Rassist oder Nicht-Täter halten zu können.

Gewiss: Kolonialismus war schlimmster Rassismus und ist ohne ihn undenkbar. Aber es finden sich global unzählbare Rassismen, die auf Herrschaftsbeziehungen zwischen Kolonisierten beruhen. Andere sind in nicht-kolonisierten Gesellschaften das Relikt feudaler Strukturen, wie im Fall Thailand, oder sie bilden, wie in Saudi-Arabien, moderne Ausbeutungsverhältnisse ab. Und immerhin gab es auch einen orientalischen Sklavenhandel.

Sind Muslime in Deutschland neuerdings *People of Color*, weil sie ausgegrenzt werden? Islamfeindlichkeit nimmt Züge von Rassismus an, weil jedem einzelnen Muslim Gruppeneigenschaften angedichtet werden. Und umgekehrt hat der antiislamische Impuls der Ablehnung von Zugewanderten Legitimation verschafft, hat Rassismus salonfähig, gar mehrheitsfähig gemacht. Aber die Rassifizierung einer Religionszugehörigkeit lässt sich nicht bekämpfen, indem nun im Gegenzug Muslimen erneut eine Kategorie übergestülpt wird, die mit Religion nicht das Mindeste zu tun hat.

Eine Muslimin, die wegen ihres Kopftuchs stigmatisiert wird, mag sich in einem *PoC*-Kreis heimisch fühlen, weil es ein geschützter Raum ist. Aber sich so zu orientieren, beruht erneut auf einer individuellen Entscheidung.

Ich plädiere gerade in diesen Zeiten der Konfrontation dafür, die Individualität hochzuhalten und zu schätzen, besonders in unserem Blick auf jene, die in der rechten Hetze nur die Konturen dunkler Kollektive haben. Für die Attraktivität des antirassistischen Lagers scheint es mir weniger wichtig, dass unsere Diskurse besonders korrekt sind, sondern dass sie Humanität ausstrahlen. Und dass wir uns bewusst sind, wie viele schon vor uns nach dieser Humanität gesucht haben, gemäß den jeweiligen Maßstäben ihrer Zeit.

Uwe Timms Namibia-Roman »Morenga« passt zu keinem heutigen postkolonialen Kodex, aber seine recherchierte Erzählung aus dem Inneren der deutschen Schutztruppe war eine große Leistung, erst recht für 1978, als das Buch erschien. Timm war sich bereits damals bewusst: »Weiße Haut ist ein Signum der Gewalt«, und daran änderte die Tatsache nichts, dass er selbst ein Aktivist in der Anti-Apartheid-Bewegung war.

Vor einiger Zeit fiel mir das Buch »Black Power« in die Hände, 1954 erschienen; der Titel wurde später zum Kampfruf und zum Synonym für schwarzes Selbstbewusstsein. Im Nachhinein erstaunlich, wurde das Buch bereits zwei Jahre später auf Deutsch als »Schwarze Macht« verlegt.

Richard Wright, der erste erfolgreiche afro-amerikanische Schriftsteller, beschrieb darin seine wiederum erste Begegnung mit Afrika: Ghana am Vorabend der Unabhängigkeit. Sein Bericht liest sich aus heutiger Warte stellenweise politisch überraschend unkorrekt. Obwohl selbst schwarz, ringt der Autor in der Darstellung des afrikanischen Menschen ständig mit der Sprache und mit sich selbst, kann sich nur schwer von einer weißen Diktion lösen, die so sehr der Hautfarbe verhaftet ist.

Gleichwohl war das Buch gelebte Solidarität, und sein Titel schrieb schwarze Geschichte.

Achten wir also das Fehlbare! Jeder Versuch, postkolonialen Denkens und Schreibens kann nur eine Annäherung sein. Annäherung an ein fernes Ziel: dass Menschen einander ohne Herrschaftsabsichten betrachten können.

Zur Autorin

Charlotte Wiedemann,
*1954, Studium der Pädagogik, Soziologie, Politologie. Ausbildung zur Journalistin an der Hamburger Journalistenschule (heute Henri-Nannen-Schule).

Berufliche Stationen
Von 1982 bis 1998 innenpolitische Journalistin, erst Lokalredakteurin beim *Buxtehuder Tageblatt*, dann Korrespondentin in Bonn für *die tageszeitung* und den *stern*, danach Reporterin bei *Die Woche* in Hamburg und Berlin.

Seit 1999 freie Autorin für Auslandsreportagen und Analysen, v. a. zur islamischen Welt. Veröffentlichungen u. a. in: *DIE ZEIT, GEO, Le Monde diplomatique, Blätter für deutsche und internationale Politik, Qantara.de*.

Dozentin in der Journalisten-Ausbildung, Mentorin und Jurorin. Lehraufträge in Erfurt und Dortmund.

Weitere Bücher
- »Ihr wisst nichts über uns. Meine Reisen durch einen unbekannten Islam« (2012)
- »Mali oder das Ringen um Würde« (2014)
- »Der neue Iran. Eine Gesellschaft tritt aus dem Schatten« (2017)

Georg Auernheimer

WIE FLÜCHTLINGE GEMACHT WERDEN
Über Fluchtursachen und Fluchtverursacher

Paperback | 283 Seiten
ISBN 978-3-89438-661-0
€ 17,90 [D]

Allenthalben heißt es, Fluchtursachen müssten bekämpft werden. Aus welchen Gründen Menschen fliehen, wird dabei im Dunkeln belassen. Denn dann wäre auch zu benennen, wodurch und durch wen dies verursacht wird. Grundlegend ist für Georg Auernheimer, dass der global entfesselte Kapitalismus und die ihn absichernde Geopolitik der USA und ihrer Alliierten weltweit lebensfeindliche Regionen geschaffen haben, die Menschen massenhaft zur Migration zwingen. Dies belegt er unter anderem mit der Zerstörung Jugoslawiens und Libyens und den Kriegen im Nahen Osten. Ebenso erörtert er die Auswirkungen der neokolonialen Herrschaftssicherung durch die Strukturanpassungsprogramme und Freihandelsabkommen, die dem subsaharischen Afrika aufgezwungen wurden, um dessen wirtschaftliche Abhängigkeit von den westlichen Metropolen festzuschreiben. Ähnliche Machtstrategien kennzeichnen nach Auernheimer die Politik der USA gegenüber Mittelamerika. Dies geschieht auch im Bündnis mit einheimischen Oligarchien. Zu sozialen und ökologischen Verwüstungen, Elend und Perspektivlosigkeit kommt dort noch eine allgegenwärtige Kultur der Gewalt.